Jean LAGAILLARDE

Docteur en Droit

LA CONSTITUTION ESPAGNOLE

ET LE

Régime Parlementaire

EN ESPAGNE

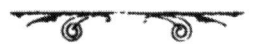

TOULOUSE

Imp. Ch. MARQUES

Boulevard de Strasbourg, 22 et 24

—

1906

BIBLIOGRAPHIE

Textes constitutionnels.

Muro-Martinez. — Constituciones de España. Madrid, 1881.
Heredia. — Constituciones vigentes en Europa y América. Madrid, 1884.
Dareste. — Les Constit. modernes, t. II, p. 1, Paris, 1891.
Demonbynes. — Les Constit. européennes. Paris, 1883.

Histoire.

Historia general de España, publiée par l'Académie d'Histoire.
G. Hubbard. — Histoire contemporaine de l'Espagne. Paris, 1883.
Pidal (Marqués de). — Lecciones sobre la historia del gobierno y legislación de España. Madrid, 1880.
J. Mariejol. — L'Espagne sous Ferdinand et Isabelle. Paris, 1892.
Reynold. — Histoire de l'Espagne depuis la mort de Charles III jusqu'à nos jours. Paris, 1873.
Conde de Toreno. — Historia del levantamiento guerra y Revolución de España. Madrid, 1839.
Ch. de Mazade. — Les Révolutions d'Espagne. Paris, 1869.
Valbert. — La Restauration des Bourbons en Espagne en 1874. Rev. des 2 M., 1ᵉʳ nov. 1890.
L. Lande. — La guerre civile en Espagne. Rev. des 2 M., 1ᵉʳ oct. 1874.

168376

Ch. Benoist. — Vingt ans de monarchie moderne en Espagne. Rev. des 2 M., 1er oct. 1894.

J. Marin y Ordoñez. — La Républica en España. Albacete, 1873.

Blanco Herrero. — Politica de España en Ultramar. Madrid, 1888.

Ch. Benoist. — L'Espagne et la crise coloniale. Rev. des 2 M.. 1er février 1897.

Justo Zaragosa. — Las insurrecciones de Cuba. Madrid, 1873.

Lande. — La question cubaine. R. des 2 M., 15 mars 1874.

Mestre Amabile. — La question cubaine et le conflit américain. Paris, 1896.

Doctrine.

a) OUVRAGES D'UN CARACTÈRE GÉNÉRAL

Répertoire Fuzier, Hermann. Espagne.

Pandectes. — Espagne.

Grande encyclopédie. Espagne.

Davillier. — L'Espagne. Paris, 1874.

Eschenauer. — L'Espagne. Paris, 1884.

Léon Sentupéry. — L'Europe politique. Paris, 1894.

Cherbuliez. — L'Espagne politique. Paris, 1894.

Esmain. — Droit constitutionnel. Paris, 1903.

Pierre. — Traité de dr. polit. électoral et parlementaire. Paris, 1902.

Posada. — Tratado de derecho politico. Madrid, 1894.

Santamaria de Parades. — Curso de derecho politico. Madrid, 1890.

Benoist. — La réforme parlementaire. Paris, 1902

b) Traités spéciaux.

Marina. — Teoria de las Cortes. Madrid, 1813, trad. Fleury, Paris, 1822.

Academia de la Historia. — Las Cortes de Castilla. Madrid, 1861.

Rosseuw Saint-Hilaire. — Les Cortès espagnoles. Acad. des Sc. mor. et polit., 1879.

Torres Campos. — Le règlement des Cortès. Bull. de la soc. de législ. comp., 1876.

Serrano. — Estudios sobre el régimen constitucional en España. Madrid, 1876.

Alcorta. — Las garantias constitucionales. Madrid, 1881.

Calvo y Marcos. — El régimen parlamentario. Madrid, 1883.

Figuera y Torres. — El régimen parlamentario. Madrid 1886.

G. Azcarate. — El régimen parlamentario en la practica. Madrid, 1885.

— El self government y la monarquia doctrinaria. Madrid, 1884.

— Estudios filosóficos y politicos.

Posada. — Estudios sobre el régimen parlamentario. Madrid, 1891.

Canovas del Castillo. — Discursos parlamentarios. Madrid, 1867.

Riscal (Marqués de). — Feudalismo y democracia. Madrid, 1880.

Navarra Amandi. — Estudios sobre procedimientos electorales. Madrid, 1885.

Lefèvre Portalis. — Les élections d'Espagne. Rev. polit. et parlement., 1896, p. 30.

Piernas y Hurtado. — La vida politica en España (La Administracion), 1895.

Silvela. — Desprestigio del sistema parlamentario en España. Revista politica, 1896.

Cascales y Muños. — El problemo politico al inaugurarse el siglo XX. Madrid, 1902.

Victor Bérard. — La royauté espagnole. Revue de Paris, 1902.

XXX. — M. Maura. Revue de Paris, 1905.

Revue politique et parlementaire. Espagne.

Dorado. — De administracion de justicia (La Administracion), 1896.

Aquilar y Garcia. — El justiciazgo moderno (La Administracion), 1895.

Gil Maestre. — El anarquismo en España y el especial de Barcelona. Madrid, 1897.

La Iglesia y Garcia. — Caracteres del anarquismo en la actualidad. Madrid, 1905.

Pella y Forgas. — La crisis del catalamismo. Barcelona, 1905.

A. Buylla. — El socialismo (La Administracion), 1897.

« La Justicia », 1er mai 1894.

« Le Temps », 30 juin, 17-26 juillet, 3 décembre 1905.

« Les Débats », 22 juin, 20 octobre 1905.

« La Revue diplomatique », 23 juillet 1905.

« La Epoca », 24-26 juillet, 12-18 août, 10 et 11 septembre 1905.

« El diario de Barcelona », 10 septembre 1905.

« El Heraldo de Madrid », 6 octobre 1905.

« La Publicidad », 4 mars 1906.

« El Liberal », 6 mars 1906.

Ann. de législ. étrang. — Loi sur l'élection des sénateurs, 8 février 1877 (t. VII, p. 249).

— Loi sur l'élection des députés, des 20 juillet 1877, 28 décembre 1878 et 31 juillet 1887 (t. VII, p. 443; t. VIII, p. 353; t. XVII, p. 512).

— Loi sur les incompatibilités parlement., 7 mars 1880 (t. X, p. 328).

— Loi sur l'élection des députés du 26 juin 1890 (t. XX, p. 418).

LA CONSTITUTION ESPAGNOLE

ET LE

RÉGIME PARLEMENTAIRE

EN ESPAGNE

Introduction

L'Histoire de l'Espagne a été trop souvent et trop
profondément mêlée à celle de la France, et sa situation de voisine jointe à une certaine communauté de
race a établi entre les deux nations latines trop d'affi-
nités naturelles, pour que les auteurs français aient
pu rester complètement indifférents aux événements
qui se déroulèrent, au cours des siècles, par delà les
Pyrénées. Aussi, n'est-il pas étonnant que l'Espagne
ait fourni chez nous matière à plusieurs ouvrages, et
que, dans la plupart de nos Revues, divers articles
aient donné, sur les habitudes et les mœurs espagnoles, des aperçus intéressants.

En choisissant comme sujet de thèse la Constitution
et le régime parlementaire espagnols, nous ne pou-
vions, par conséquent, avoir la prétention de faire

2

œuvre entièrement nouvelle. Néanmoins, de même qu'en de vastes domaines, à côté de sentiers plus fréquemment battus d'autres demeurent presque ignorés, il reste certainement beaucoup à dire sur l'Espagne, et il nous a semblé que la·Constitution espagnole actuelle, notamment, et plus particulièrement dans cette Constitution, le régime parlementaire qu'elle semble avoir voulu établir, pouvaient, sans trop exposer à des redites, donner sujet à des développements non dépourvus d'intérêt.

On est frappé, après la lecture de l'acte de 1876, de constater combien le jeu des institutions politiques espagnoles répond peu au texte de la Constitution, et combien, en dépit des apparences, le régime parlementaire n'a, en fait, en Espagne, à raison surtout de pratiques malheureusement trop en honneur chez nos voisins, aucune réalité sérieuse, au point de ne plus exister..... que dans le texte de la Constitution. Ce contraste entre les apparences et la réalité, entre la théorie et la pratique, nous a paru appeler du régime parlementaire espagnol une étude assez approfondie pour nous permettre de ne pas aborder au cours de ce travail et de laisser à d'autres l'examen de divers points dont traitent les différents titres de la Constitution de 1876, et, notamment, de l'organisation administrative.

Dans le cours de notre étude, nous avons utilisé plusieurs articles parus sur l'Espagne dans nos différentes Revues : *Revue des Deux-Mondes, Revue de*

Paris, Revue politique *et parlementaire* ; mais étant donné l'abşence de tout ouvrage d'ensemble écrit ou traduit en français sur le régime parlementaire en Espagne, utilisant la connaissance du dialecte espagnol que nous pûmes acquérir autrefois, nous avons dû surtout nous inspirer directement des auteurs dont les traités sur le régime parlementaire font autorité en Espagne, et principalement de MM. Azcérate, Posada, Figueroa y Torres et Cascales y Muños, empruntant aussi parfois aux ouvrages de MM. Marina, le marquis de Riscal, Calvo y Marcos (etc)... Nos lectures nous ont permis de constater que si, suivant certains, bien peu nombreux il est vrai, tout était pour le mieux dans la plus heureuse des Espagnes possibles, d'autres, en revanche, dans leurs attaques contre le régime actuel, n'avaient pu se défendre d'un esprit de parti pris évident. De ces exagérations, dans un sens comme dans l'autre, nous nous sommes attachés à faire la part, notre désir étant d'apprécier avec impartialité un état de choses réel.

Après avoir fait un historique succinct de la formation du royaume d'Espagne et de ses diverses Constitutions, et étudié les caractères généraux de la Constitution de 1876, nous avons envisagé la façon dont le texte de la Constitution de 1876 s'efforçait de réaliser le fonctionnement du régime parlementaire en Espagne, puis dans la critique de ce régime, montré comment il n'avait aucune existence réelle, insistant

sur les pratiques qui viennent le vicier, principalement sur la pratique des élections ; c'est de celle-ci,
en effet, que procède surtout la corruption du gouvernement parlementaire espagnol, et nous avons essayé
de faire ressortir ses désastreux effets tant au point
de vue du fonctionnement du régime parlementaire en
particulier, qu'au point de vue des intérêts de la
nation espagnole en général. C'était là le but principal de notre travail ; mais nous avons cru devoir consacrer en outre quelques développements à la situation des partis au Parlement espagnol, et à l'organisation et au fonctionnement du pouvoir judiciaire qui
est dans une étroite dépendance du pouvoir exécutif,
enfin, avant de conclure, nous avons tenu à poser et
à effleurer plusieurs questions importantes qui nous
ont paru pour l'Espagne d'une brûlante actualité et
dont la solution nous semble devoir être d'autant plus
hâtée qu'on aura plus promptement porté remède aux
maux actuels du parlementarisme espagnol.

Nous ne voulons pas terminer cette courte introduction sans remercier tous ceux qui voulurent bien
faciliter notre tâche en acceptant de devenir nos
collaborateurs occasionnels, et nous aidèrent de leur
grande connaissance d'un régime qu'ils ont pu apprécier pour y être eux-mêmes soumis. A M. le Sénateur Bustillo, nous devons particulièrement, outre la
communication d'ouvrages importants sur notre
sujet, relativement surtout aux habitudes politiques
espagnoles, de précieuses indications.

C'est notre professeur de Droit constitutionnel, M. Timbal, qui nous indiqua, en même temps que le sujet de ce travail, un plan général auquel nous avons considéré comme un devoir de nous conformer religieusement. Qu'il nous soit permis de rendre ici un hommage respectueux et profondément ému à la mémoire du maître aujourd'hui disparu, qui mit toujours au service des étudiants son immense érudition avec une si accueillante bonté.

CHAPITRE I

Notions préliminaires

SECTION I

L'ESPAGNE

Les Pyrénées ont cessé depuis si longtemps de constituer un obstacle réel aux relations de la France et de l'Espagne, et la pénétration réciproque des deux pays est désormais un fait tellement accompli, que nous ne nous attarderons pas, en débutant, à faire, de la situation géographique de l'Espagne, une description étendue qui trouverait ici sa place si nous traitions d'une nation nous touchant de moins près.

A jeter un coup d'œil sur une carte d'Europe, on pourrait croire que l'Espagne avait été appelée par la nature à constituer, à l'exemple de l'Angleterre, une des plus parfaites unités géographiques [1], alors que, en réalité, le défaut de liaison naturelle qui se manifeste dans la configuration de la péninsule a déterminé, au physique comme au moral,

(1) Posada : *Tratado de derecho politico*. Madrid, 1894, t. 3, p. 151.

la formation de plusieurs Espagnes qui cependant constituent bien une Espagne : au nord, de la Catalogne à la Galice, c'est l'Espagne plus proprement européenne ; au sud, l'Espagne plutôt africaine mêlant à la culture de la vigne et de l'oranger celle du dattier et de la canne à sucre et, au centre, l'Espagne intermédiaire, la vraie Espagne avec ses steppes et ses sierras, souvent comparée à une forteresse dressant ses créneaux dans le ciel.

Très différent, suivant les régions, le climat est généralement sec : africain dans les provinces d'Andalousie, de Murcie et de Valence, il est méditerranéen dans la vallée de l'Ebre, et océanique à l'ouest et au nord-ouest, tandis que sur l'ensemble du plateau aride et froid qui s'étend depuis les Pyrénées cantabriques jusqu'à la sierra Morena, les froids extrêmes soufflent pendant neuf mois de l'année, des chaleurs exagérées y régnant durant les trois autres mois. Même diversité dans les mœurs des habitants dont la dissemblance, suivant les régions, frappe d'étonnement l'étranger. Autant le Castillan, sérieux et drapé dans son manteau, frappe par la noblesse de ses allures, autant l'Andalous apparaît vif et exubérant, alors que l'Aragonais reste sombre, renfermé et froid, d'une dévotion confinant à la bigoterie. Pourtant, à travers la variété des provinces, un fond commun se retrouve partout et, malgré les différences régionales, l'Espagnol conserve une physionomie tranchée et une,

gardant, avec un sentiment exalté de sa personnalité, un idéal de virilité héroïque.

Peut-être, en somme, la profusion de ses cordillè-
rès, son climat si varié suivant les régions, les direc-
tions diverses dans lesquelles la vie commerciale
paraissait invitée à s'engager par un sol naturellement
morcelé, constituaient-ils pour l'Espagne autant d'éléments favorables, et, au cas où l'histoire des peuples
eût obéi dans son développement à la seule influence
de leur situation géographique, peut-être l'Espagne
serait-elle aujourd'hui une puissante nation, produit
de la fusion harmonique des diverses races qui la
peuplent [1]. Malheureusement les invasions successives qu'elle dut souffrir et la part qu'elle prit aux grands
conflits qui agitèrent l'Europe, aussi bien que les que-
relles dynastiques qu'elle endura, l'ont détournée des
destinées que sa situation géographique lui permettait d'espérer. et dans la Péninsule scindée en deux
Etats, l'Espagne, semble-t-il épuisée, n'arrive aujour-
d'hui que lentement à se relever de ses revers.

Section II

Historique de la formation du royaume d'Espagne

Les premiers habitants du royaume d'Espagne furent, croit-on, les Ibères, représentants de races
sémitiques et indo-européennes. Vers le quatorzième

(1) Posada, *Op. cit.* p. 152-153.

siècle avant notre ère, les Phéniciens vinrent concurremment avec les Grecs établir des comptoirs sur les côtes de l'Andalousie et, à l'intérieur, dans le bassin du Guadalquivir, et plus tard, ce fut l'invasion des Celtes par le nord. Fondues aux pieds des Pyrénées, les tribus celtiques et ibériques y fondent la Celtibérie puissante et redoutée. Au cinquième siècle avant notre ère, les Carthaginois commencent à s'établir en Espagne, et l'invasion carthaginoise suit bientôt après, précédant elle-même la conquête romaine, conquête chèrement payée par les deux siècles de guerre opiniâtre que dut subir le vainqueur et où se révèle déjà l'indomptable énergie de la race ibérique.

Avec les Wisigoths établis dans la vallée de l'Ebre, les Suèves dans la Lusitanie, les Vandales dans la Bétique, une certaine quantité de sang germain qui devait modifier le caractère ibérique fut introduite en Espagne. Pliés aux institutions romaines et chrétiens de bonne heure, les Wisigoths étaient, de tous les barbares, les plus doux et les plus aptes à la civilisation, joignant au courage aventureux et à la réflexion des races germaniques, un sentiment très développé de la liberté individuelle[1]. Au cours des lüttes et périls communs, le courage germanique et le courage ibérique, l'un bouillant et plus expansif, l'autre, ré-

---

(1) C'est au Code wisigothique que les Espagnols font généralement remonter une partie des institutions politiques actuellement encore en vigueur chez eux.

sistant et plus intensif, se mêlèrent en des volontés également énergiques et également amoureuses de l'indépendance.

C'est ce concours de volontés entreprenantes et de volontés tenaces qui explique, après la conquête de l'Espagne par les Arabes, au huitième siècle, cette héroïque croisade de sept siècles par laquelle, du rivage où il avait été refoulé, l'Espagnol reconquiert pied à pied sa patrie sur les Maures. Une poignée de Goths, groupés autour de Pélage dans les Pyrénées cantabriques, y avaient constitué le dernier rempart de l'indépendance et résisté aux assauts furieux de l'envahisseur. De là les compagnons de Pélage entreprirent vaillamment l'œuvre de la *reconquista*, reprenant peu à peu, le pays à ses envahisseurs. Au dixième siècle, ils constituent le royaume des Asturies et celui de Léon, et, à partir de 1230, la réunion des deux Etats devint définitive sous le nom de royaume de Castille et Léon. Au Nord et à l'Est de la péninsule se déroulèrent, pendant la même période, des événements similaires. En 1137, le royaume d'Aragon et le comté de Barcelone ne formèrent plus qu'un seul royaume. Dans les pays basques se fondait le royaume de Navarre. A partir du treizième siècle surtout, ces trois royaumes ne cessèrent de mener la lutte contre les Maures, les Castillans reconquérant la Nouvelle-Castille, l'Estramadure et une partie de l'Andalousie, les Aragonais et Catalans reprenant Valence, Murcie et les Baléares.

Entre ces deux Etats désormais puissants subsistait, grâce en partie à leur rivalité, le royaume de Navarre avec sa capitale, Pampelune. Il appartenait à une alliance heureuse de réunir sous une même administration les deux Etats de Castille et d'Aragon et de préparer ainsi l'unité définitive de l'Espagne. En 1469, Isabelle, héritière de Castille, épousa Ferdinand, héritier présomptif du trône d'Aragon, et dix ans après, leurs pères étant morts, la presque totalité de l'Espagne chrétienne se trouvait réunie entre les mêmes mains. Les deux souverains, *los reyes catolicos*, comme les appellent les Espagnols, achevaient en 1492 l'œuvre de la *reconquista*, chassant les Maures du royaume de Grenade, leur dernière possession dans la Péninsule, et, en 1515, Ferdinand s'étant emparé de la Navarre consomma ainsi l'unité territoriale de l'Espagne.

En 1516, l'arrivée de Charles-Quint au trône marque, en même temps que l'avènement de la dynastie de la Maison d'Autriche, par suite de l'extinction de la branche mâle de la Maison de Castille, la substitution aux anciennes libertés d'un régime de tyrannie absolue. C'est de cette période comprise entre 1516 et 1700 que paraissent dater les causes de la dégénérescence espagnole dont les effets se font si durement sentir encore aujourd'hui. A une funeste exagération de l'intolérance correspondent les fureurs de l'Inquisition et le triomphe du monarchisme. Les guerres folles de Charles-Quint, et surtout les con-

quêtes en Amérique qui déversèrent au delà de
l'Océan tout ce que l'Espagne comptait de caractères entreprenants et énergiques produisirent une
sorte de saignée à blanc par laquelle s'écoulèrent les
éléments les plus généreux de la nation, et, en même
temps, l'expulsion de tous les habitants d'origine
maure, en 1609-1610, qu'avait déjà précédée celle
des Juifs en 1492, priva l'Espagne d'une population
particulièrement active et laborieuse. De plus, la
découverte de l'Amérique entraîna un bouleverse-
ment soudain de toutes les conditions sociales. On
s'habitua à compter sur le hasard plutôt que sur la
volonté, ou bien c'est sur un simple effort passager
de volonté qu'on fonda ses espérances, non plus sur
un travail soutenu et persévérant. Enrichis par les
mines du Nouveau-Monde, les Espagnols prirent
l'habitude de demander aux autres pays ce que le
leur aurait pu produire.

Le désordre, qui avait jeté de si profondes racines
sous le règne de Charles-Quint et qui avait encore
considérablement augmenté sous les règnes de Philippe II et de ses successeurs, était à son comble au
moment où Philippe d'Anjou, petit-fils de Louis XIV,
inaugura, en montant sur le trône, la dynastie des
Bourbons. L'Espagne, alors presque ruinée, était
un cadavre à galvaniser. Mais le mal était trop grand
et les princes de la Maison de Bourbon, généralement faibles et sans caractère, furent impuissants à
rémédier à l'état de choses déjà existant ; cet état se

perpétue sous Philippe d'Anjou, Ferdinand VI et
Charles III qui passent successivement sur le trône
d'Espagne. Enfin, contre Charles IV monté sur le
trône en 1788, et devenu le jouet de son favori Godoy,
le peuple espagnol se soulève et, en 1808, proclame
roi à sa place Ferdinand VII, prince plus incapable
encore, mais en outre plus perfide et d'une ingratitude sans égale comme la suite devait le démontrer.
Napoléon, qui se considérait alors comme le maître
des destinées de l'Europe, le força à abdiquer en sa
faveur et fit roi son frère Joseph, lui donnant par
l'intermédiaire d'une Junte appelée *espagnole et nationale* réunie à Bayonne (juillet 1808), une Constitution politique qui vint inaugurer la série des Constitutions qui devaient se succéder en Espagne entre
1808 et 1876.

Section III

Constitutions antérieures à la Constitution de 1876

§ 1er. — *Constitutions de 1808 et 1812. — Origines
du Droit constitutionnel espagnol.*

Constitution de 1808.

Quoique la Constitution de 1808, ou Constitution
de Bayonne, « reste en dehors de ce mouvement
national qui affirmera solennellement pour la première fois qu'il y a un droit constitutionnel espa-

gnol » ¹, nous ne saurions nous dispenser d'en dire quelques mots à cause de sa signification intéressante, car tout en étant un des symptômes révélateurs de la force d'expansion qu'avait alors l'idée de constitution écrite, elle est aussi une tentative d'instauration en Espagne du régime représentatif constitutionnel sous le pouvoir napoléonien.

Dans ce document dont l'élaboration est assurément, dans l'histoire de l'Espagne, une des pages les moins flatteuses pour la dynastie des Bourbons, nous nous contenterons de noter les principes essentiels qui y sont affirmés :

On retrouve exprimée dans cette Constitution, qui reproduit dans ses 146 articles la prolixité des Constitutions françaises de la Révolution, la plupart des idées qui triomphaient alors en France. Cette Constitution a le caractère d'un pacte puisque, suivant le préambule, la Constitution sera considérée comme «..... la base du pacte qui unit notre peuple à Nous et Nous avec notre peuple » ². Elle établit pour la succession au trône une règle nouvelle en décidant pour l'avenir, l'application de la loi salique. Elle affirme et garantit par une organisation très forte en apparence le respect des droits de l'homme. Malgré son caractère français, elle s'efforce de faire

(1) Posada. *Op. cit*, t. 2. El de recho constitucional en España⁰ p. 275.

(2) «..... Como base del *pacto* que une à nuestros pueblos con Nos, y à Nos con nuestros pueblos. »

revivre les antiques institutions espagnoles, notamment les Cortès. Enfin elle établit un Sénat, gardien des droits politiques, et un Conseil d'Etat.

CONSTITUTION DE 1812

Pour recouvrer son Roi, la nation Espagnole produit un formidable effort et engage contre le maître de l'Europe la guerre de l'Indépendance [1] qui, en provoquant le réveil de la conscience nationale et en donnant à la nation le sentiment de sa puissance en tant que collectivité, a été véritablement la source du régime politique nouveau que consacra la Constitution de 1812 [2].

Jusqu'en 1808, en effet, l'Espagne avait vécu, depuis l'avènement de la dynastie de la Maison d'Autriche, sous la Monarchie la plus absolue. « Le roi, personnellement sacré et inviolable, concentrait en lui tous les pouvoirs et tous les droits ; irresponsable devant les hommes et souverain dans toute l'acceptation du terme, il réalisait le type absolument opposé au gouvernement représentatif » [3]. Mais de 1808 à 1812, un fait important se produit : Alors que

(1) Conde de Toreno : Historia del levantamiento, guerra y revolucion de España-Madrid 1839.

(2) Sur la simultanéité et la corrélation qu'il faut voir entre le soulèvement de la nation et le réveil de la conscience politique voir : Derecho parlamentario español par Fernandez Martin, Madrid 1887, t. I, introduction, pp. 309 et suiv. ; t. II, p. 287.

(3) Posada, *op. cit.*, p. 278.

la famille royale est honteusement prosternée aux
pieds de Napoléon, la nation se défend elle-même
faisant des efforts héroïques pour maintenir son
indépendance, et il en résultera, bien que d'une
façon incomplète et indécise encore, le réveil du
sentiment de la personnalité politique de la collectivité'. A ce résultat concourront, d'autre part, les
idées révolutionnaires qui ont traversé les Pyrénées
et gagné l'esprit de l'élite intellectuelle imbue d'aspirations généreuses ; c'est dans ce milieu que se
recrutera la presque totalité des partisans acquis au
régime nouveau établi en France par la Constitution
de 1791, qui, transporté en Espagne par l'acte de
1812, n'y avait d'autre précédent, suivant l'expression
de Martinez Marina, le célèbre auteur de la « Théorie
des Cortès » que « la monstrueuse réunion de tous
les pouvoirs en une seule personne et trois siècles
d'esclavage et du plus horrible des despotismes » ².

La Constitution de 1812 est une œuvre essentiellement nationale en ce que, au contraire de la Constitution de 1808, elle émane d'une assemblée bien

(1) Cet abandon de l'Espagne par son roi, ce véritable divorce
entre le roi qui se rend prisonnier à Napoléon, et la nation qui
lutte pour conserver son indépendance, expliquent les tendances
révolutionnaires qui s'accusent dans la Constitution de 1812, et la
séparation qui s'affirme à la longue entre l'intérêt dynastique et
l'idéal national.

(2) « La monstruosa reunion de todos los poderos en una sola
persona, y tres siclos de esclavitud y del mas horroroso despo-
tismo. » Teoria de las Cortes, t. I., p. 385 (édition de 1813),
Madrid.

3

espagnole qui se réunit pour répondre à l'appel de
la nation tout entière ; par cette Constitution, la nation
s'affirme comme une personne qui a pris conscience
de ses droits et de son pouvoir, et qui, désormais,
veut rester souveraine maîtresse de ses destinées [1].

Le conseil de Régence ayant dû, sous la poussée
de l'opinion, convoquer les Cortès comme dans
l'ancien temps, les députés se réunirent à Cadix, le
24 septembre 1810, date qui fut saluée par l'Espagne
comme « l'aurore de sa vie parlementaire ».

La majorité des députés élus était animée d'un
esprit largement révolutionnaire et il suffit d'énumé-
rer quelques-unes des principales décisions qui
furent prises par les Cortès de Cadix qui siégèrent
de septembre 1810 à décembre 1813, pour ne plus
conserver de doute à cet égard :

C'est d'abord la proclamation de la liberté de la
presse, exception faite pour les écrits émanant des
membres du clergé, qui étaient soumis à la sanction
préalable des prélats.

Puis l'abolition, par un décret du 6 août 1812, de
tous les droits seigneuriaux qui sont enlevés à la
noblesse pour être reportés à la couronne. Le vasse-
lage fut supprimé et, avec lui, tous les privilèges
qui pesaient sur les paysans. La torture est abolie,
et le Saint-Office, supprimé le 22 janvier 1813, marque

(1) Posada, *op. cit.*, p. 284.

la disparition de ce joug fatal qui arrêta si longtemps
en Espagne le développement de la pensée.

Quoique le préambule de la Constitution de 1812
dénote de même clairement combien les doctrines
qui avaient dominé la France révolutionnaire ani-
maient l'esprit des constituants de Cadix, la commission chargée de la rédaction s'efforce de démontrer
que, dans la Constitution, rien de ce qu'on qualifie de
nouveautés ne mérite, en réalité, ce nom. Tout cela,
affirme-t-elle, se retrouve chez les historiens aragonais et castillans, les Zurita, Blancos, Angleira,
Mariana, et dans les cahiers des Cortès. La commission passe en revue les lois de l'Aragon, de la Castille et de la Navarre, pour démontrer que son but a
été tout simplement de trier parmi les lois et col-
lections éparses et sans ordre aucun celles qui pouvaient s'harmoniser [1]. Le Fuero Juzgo, les Partidas,
le Fuero Viejo, le Fuero real, el Ordenamiento de
Alcala, el Ordenamiento Real et la Nueva Recopila-
ción, sont les sources, dit-elle, auxquelles sont faits
les plus fréquents emprunts.

Après être entré auparavant dans le détail de la
Constitution de 1812, nous examinerons si sa rédaction répondait vraiment au but que les constituants
disaient s'être proposé et qui était, selon eux, le
rétablissement des anciennes coutumes nationales.

(1) Constitution de 1812 (Madrid 1836) Discurso préliminar,
p. 123 et 124.

Les proportions de la Constitution de 1812 sont extraordinaires et son contenu dépasse de beaucoup les matières qui font le plus souvent l'objet des Constitutions écrites d'aujourd'hui. La Constitution comprend, en effet, 384 articles divisés en 10 titres. lesquels se subdivisent eux-mêmes en chapitres.

Le premier de ces titres pose tout d'abord le principe de la souveraineté nationale, source première de tous les pouvoirs et base de la Constitution qui les résume.

Le titre II traite, à la fois, de la religion et du gouvernement. Ce dernier, fondé par la Constitution, est essentiellement monarchique. Il se compose de trois pouvoirs : Le législatif, qui appartient au roi et aux Cortès; l'exécutif, au roi tout seul, et le judiciaire aux tribunaux.

Le titre III est consacré au pouvoir législatif; titre complexe et qui soulevait les questions les plus graves : Y aura-t-il deux Chambres ou une Chambre unique? Quel allait être le mode d'élection des députés? Quels pouvoirs leur attribuer? Comment établir la sanction royale?

A la première question, on répondit en décidant l'unité de Chambre, copiant en cela la Constitution française de 1791. Quant au mode d'élection. les Juntes provinciales devaient envoyer chacune un de leurs membres, et les villes qui avaient autrefois le vote en Cortès, un membre de leur Conseil municipal; la base adoptée pour les autres villes était un député par 60.000 âmes avec l'élection à trois degrés ; la paroisse, le canton et la province. Pour être éligible, il fallait être âgé de 25 ans et citoyen espagnol, né ou établi depuis sept ans au moins dans la province, et jouir d'un revenu assis sur des propriétés foncières. Les membres du clergé séculier pouvaient seuls être élus ; on déclara inéligibles les ministres, les conseillers d'Etat et les employés de la maison royale.

Les Cortès devaient siéger tous les ans [1] : trois mois au moins ou quatre mois, si le roi ou les deux tiers de l'Assemblée en faisaient la demande. Cette limitation étrange, établie sans doute dans le but d'empêcher qu'une Chambre élective,siégeant sans relâche, devint trop redoutable en face de la royauté désarmée, devait certainement nuire à la bonne marche des affaires que trois ou quatre mois de session ne pouvaient suffire à traiter.

Suivant le projet de la Commission, les députés ne devaient être élus que pour deux ans, et leur réélection était permise. Mais, renouvelant la faute que commit en France l'Assemblée constituante, les Cortès rejetèrent cette proposition et défendirent la réélection

---

(1) « Lorsque la commission a examiné la grande quantité de lois qui protégeaient en Espagne la liberté civile et politique, elle a recherché scrupuleusement les causes qui avaient pu les faire tomber dans un si fatal abandon ; et après avoir trouvé la principale source de ces maux dans le délaissement progressif des Cortès,elle a pensé que le remède le plus efficace serait la réunion annuelle des députés du royaume ». Discours préliminaire.

des députés, sans réfléchir que, dans une nation si longtemps privée de toute représentation nationale, il serait très difficile de trouver tous les deux ans trois cents députés à la hauteur de leur tâche.

En ce qui concernait la rédaction des lois, l'Assemblée constituante attribua au roi le droit de veto restreint sur chaque loi que les Cortès avaient rédigée ; ce veto suspensif pouvait être répété par trois fois, mais ensuite on passait outre, et la loi demeurait viable comme si elle eût reçu la sanction royale.

Une députation permanente devait siéger dans l'intervalle des sessions, composée de sept membres, et pouvant convoquer, dans certains cas prévus d'avance, une session extraordinaire des Cortès. Suivant l'expression du député Capmany, elle devait un peu jouer le rôle d'un « censeur du pouvoir royal ».

Le titre IV traitait des prérogatives royales. Aux termes de la Constitution, le roi exerçait le pouvoir suprême ; mais si on accordait au monarque la faculté de déclarer la guerre et de faire la paix sans l'intervention des Cortès, en revanche il ne pouvait sans leur consentement contracter mariage ou s'absenter du royaume.

Nous passerons les autres titres qui traitent : des réformes apportées dans l'organisation de la justice — de l'administration des provinces — de l'organisation militaire du pays — de l'instruction publique, titre où se révèle l'embarras des rédacteurs et leur crainte de heurter les libertés populaires, dans un pays où l'éducation, dans toutes les classes de la société, avait été confisquée au profit du clergé.

Le titre IX proclame la liberté de la presse comme base de tout droit constitutionnel.

Enfin, le titre X et dernier, traite des changements qui pourront être apportés à la Constitution. Toute révision de celle-ci ne pourra avoir lieu qu'après l'expiration d'un délai de huit ans, et encore les députés pour y procéder devront-ils avoir un mandat spécial de leurs commettants.

Etudions maintenant si, tout en paraissant s'efforcer de restaurer de vieilles et glorieuses traditions, les constituants de Cadix ne faisaient pas, en réalité, une œuvre essentiellement révolutionnaire d'où devait sortir un droit tout-à-fait nouveau.

On sent déjà la prédominance des principes abstraits et des procédés systématiquement révolutionnaires, dans cette affirmation de la Commission « que la Constitution espagnole doit être un système complet et bien ordonné dont les diverses parties devront être reliées et harmonisées » [1]. Plus loin, sous l'influence directe de Montesquieu, la Commission ajoute : « L'expérience a démontré jusqu'à l'évidence qu'il ne peut y avoir de liberté ni de sécurité, et par suite de justice ni de prospérité, dans un Etat où

(1) Constitution de 1812 (Madrid 1836). Discours préliminaire, p. 133.

l'exercice de toute autorité est réuni dans une seule main » [1], indiquant ainsi la nécessité de diviser le pouvoir en législatif, exécutif et judiciaire.

Mais plus encore que les citations faites par nous de passages du *Discours préliminaire*, le caractère général de la Constitution de 1812, qui se présente comme un acte exprimant la volonté de l'Assemblée constituante, démontre clairement l'esprit révolutionnaire et innovateur qui animait les constituants de Cadix.

D'autre part, si on considère les vastes proportions de cette Constitution, il faut bien convenir qu'elle se propose une transformation totale de l'Etat. Sur dix titres, en effet, seuls les titres I, II, III, IV et X contiennent, minutieusement exposés, les principes de droit véritablement constitutionnel, les autres titres traitant de points qu'ont coutume de régler les lois organiques ; on conviendra que ceux qui voulaient restaurer le *Fuero Juzgo* et les Codes anciens n'agissaient pas autrement que les législateurs français de 1791, dont la Constitution aussi avait des proportions extraordinaires. Il ne pouvait d'ailleurs en être en Espagne autrement qu'en France : l'ancienne organisation de l'Etat répondait aux désirs de l'absolutisme ; dès lors, le principe de la souveraineté de la nation qui était déclaré avec le droit politique

(1) Constitution de 1812 (Madrid 1826). Discours préliminaire, p. 135 et 136.

nouveau, exigeait une nouvelle organisation des pouvoirs publics [1].

Si nous passons à l'examen des articles, le caractère souvent révolutionnaire de la Constitution de
1812 apparaît clairement; on y sent cet esprit largement humanitaire et honnête qui caractérise la Révolution française dans ses débuts. On peut signaler
de nombreuses propositions de la Constitution espagnole qui sont la traduction presque littérale de dispositions analogues de la Constitution française. Par
exemple, le chapitre I du titre I de la Constitution espagnole s'inspire des articles 2 et 3 de la Constitution
française; les chapitres III et V du titre II, qui traite,
dans la Constitution espagnole, du gouvernement,
sont empruntés respectivement aux titres III et II de
la Constitution française.

En outre, où trouve-t-on dans l'Espagne du moyen
âge, si énergiquement exprimées, les affirmations
politiques suivantes : les Cortès décrètent elles-mêmes et sanctionnent la Constitution (art. 1er); la nation
espagnole est libre et indépendante et ne peut être
considérée comme le patrimoine d'aucune famille
ou personne (art 2); la souveraineté réside essentiellement dans la nation, aussi c'est à celle-ci qu'appartient exclusivement le droit de faire ses lois fondamentales (art. 3); le but du gouvernement est
d'assurer le bonheur de la nation (art. 13); le gouver-

(1) Posada. *Op. cit.*, p. 288.

nement de la nation espagnole s'exerce par l'intermédiaire d'une monarchie modérée et héréditaire (article 14). Nous pourrions citer d'autres propositions où l'on retrouve la même forme dogmatique ; or, rien de tout cela n'est traditionnel en Espagne. D'une façon générale, on retrouve dans la Constitution de 1812 les idées politiques françaises qui se manifestent en de grandes affirmations catégoriques à l'efficacité desquelles on croyait ingénument ; ainsi, dans la Constitution de Cadix, cette affirmation qui provoqua tant de railleries de la part des sceptiques : « La religion de la nation espagnole est et sera toujours la religion catholique, apostolique et romaine, la seule vraie ! » (Art. 12).

Mais ce qui révèle de la façon la plus évidente l'établissement d'un droit nouveau par la Constitution de 1812, c'est l'organisation des Cortès. C'est précisément en réglementant l'institution traditionnelle de l'ancienne Espagne que les législateurs s'écartent le plus de la tradition et vont le plus loin dans l'acceptation des nouvelles conceptions sociales et politiques. La commission établit en effet la représentation nationale sans bras ni états (sin brazos ni estamentos)[1] tout en s'efforçant vainement de démontrer qu'il n'y a pas là une innovation. C'est que les

---

(1) On distinguait dans la composition des anciennes Cortés trois ordres ou trois « bras » suivant l'expression consacrée : le bras du clergé, le bras de la noblesse (haute noblesse ou ricos hombres et infançones) et les villes.

temps sont radicalement changés et l'Etat a dépouillé
son caractère féodal et corporatif pour prendre un
caractère national et individuel. Qu'on lise le titre III
de la Constitution de 1812. On voit en premier lieu
dans l'art. 27, qui reproduit en cela la Constitution
française de 1791 : « Les Cortès sont la réunion des
députés qui représentent la nation et que nomment
les citoyens » : les mandataires *procuradores* des
cités, *délégués* chacun par le conseil municipal de
leur ville, ont donc disparu. — L'art. 29 déclare :
« pour déterminer sur quelles bases sera établie la
représentation nationale, on prend en considération
la population » et l'art. 31 : « il y aura un député aux
Cortès par 60,000 âmes ». Marina voit bien la révolution qui s'accomplit lorsqu'il applaudit à cette idée
nouvelle qui proportionne à la population la représentation nationale : « Autrefois, dit-il, cette égalité
n'existait pas, car les élus étaient en proportion du
nombre des conseillers municipaux et non du nombre des habitants » [1]. — Les anciens Espagnols
avaient, à la longue, abandonné à la prudence de leurs
rois l'époque, la durée et le règlement des grandes
assemblées nationales. La raison en était dans les
circonstances difficiles que traversa l'Espagne dans
des temps reculés, dans l'inconvénient de ne point

---

(1) Marina. *op. cit.* « En lo antiguo no se guardaba esta igual-
dad, porque las elecciones se hacian en razon del número de con-
cejos y no del de los habitantes », p. 214.

avoir de lieu fixe pour la résidence de la cour et dans la nécessité d'une guerre continuelle contre les ennemis de la religion et de la patrie. C'est de cette condescendance, dit Marina, que « résulta la réunion monstrueuse des trois pouvoirs dans une seule personne ». La Constitution de 1812 assujettit à l'avenir l'origine des Cortès à des lois invariables et à des principes indépendants de la volonté des monarques : « Le roi ne peut empêcher, sous aucun prétexte, la tenue des Cortès-aux époques et dans les cas désignés dans la Constitution ; il ne peut non plus dissoudre ni gêner en aucune manière leurs séances et leurs délibérations... » art. 172. Les articles 36-104-172 de la Constitution semblent inspirés par une méfiance presque injurieuse à l'égard du roi et copiés sur la Constitution française de 1791, suivant laquelle : le corps législatif devra se réunir de lui-même à des époques fixes, sans aucune participation du monarque.

En présence de tant de témoignages, qui pourrait, sans ignorer complètement l'organisation des anciennes Cortès, attribuer à la Constitution de 1812, le caractère d'une simple restauration et nier qu'elle est l'affirmation d'un droit complètement nouveau ?

Il est incontestable que la Constitution de 1812 a une importance capitale. « Les Cortès de 1812 doivent être félicités par ailleurs d'avoir brisé, ne fut-ce que pour un jour, le joug qui pesait depuis trois siècles sur l'Espagne. Celle-ci a enfin appris à

exister, à penser, à vouloir par elle-même » ·· Mais
il faut tout spécialement insister sur ce point que
« la Constitution de 1812 démontre la transformation
radicale de l'ancien concept de la souveraineté, et
applique à la vie de l'Etat le droit écrit comme
ligne de conduite qui s'imposera désormais aux
pouvoirs publics. Cette Constitution a, au point de
vue historique, une valeur et une portée considérables, car c'est du jour de sa proclamation que
date en Espagne l'introduction véritable d'un régime
constitutionnel et du régime représentatif '. »

A raison de l'influence qu'elle a exercée sur
l'histoire du peuple espagnol, nous avons cru devoir
nous arrêter assez longuement sur la Constitution
de 1812. A la fin de cet exposé, peut-être lira-t-on
avec intérêt le jugement porté sur la Constitution
de Cadix par Toreno, le remarquable historien qui
prit à sa rédaction une part si active : « La Constitution de 1812, en inaugurant le gouvernement représentatif en Espagne, en fondant la liberté du citoyen
et celle de la presse, en améliorant le pouvoir judiciaire et l'administration, faisait faire un grand pas
en avant à la dignité et à la prospérité du pays. Avec
le temps se serait perfectionnée l'œuvre encore bien
incomplète ; mais, vraiment, pouvait-on s'attendre à
ce que le peuple espagnol formât, du premier jet,
une Constitution exempte d'erreurs, sans toucher

(1) Rossenw Saint-Hilaire. Les Cortès espagnoles. La Constitution de 1812. Acad. des Sc. morales et politiques, 1879.

(2) Posada. *Op. cit.* p. 293.

aux écueils que n'ont pas su éviter dans leurs révolutions la France et l'Angleterre? Quand on passe aussi brusquement du despotisme à la liberté, on rencontre sur sa route une foule d'idées préconçues que l'expérience et les déceptions peuvent seules corriger; heureux encore quand on ne se laisse pas entraîner jusqu'à la violence et aux persécutions! Du moins, les Cortès espagnoles ont-elles su s'arrêter sur cette pente dangereuse, et se maintenir pures de tout excès; plût à Dieu qu'on pût en dire autant du gouvernement absolu qui ne leur a succédé que pour les détruire [1] ».

(1) On est frappé de constater, à côté des nombreux points de ressemblance qu'offrent les Révolutions française et espagnole, les caractères tout à fait différents qu'elles présentent ailleurs.

Ainsi, alors qu'en France, le courant de l'opinion une fois prononcé emporte dans son irrésistible élan tout ce qui essaie d'arrêter son cours, en Espagne, au contraire, c'est seulement une élite intellectuelle qui, imbue d'idées généreuses, se montre avide de réformes, la masse du pays restant en arrière de ses représentants.

C'est que le royalisme continue malgré tout, sous Ferdinand, à rester un culte qu'on ne saurait refuser de partager sans se rendre suspect. En outre, la noblesse espagnole moins dissolue et moins frivole que celle de la France du dix-huitième siècle, semble aussi avoir fait peser un joug moins dur sur ses vassaux, et avoir creusé entre elle et les autres classes un fossé bien moins profond que celui que provoqua chez nous la division de la nation en classes nettement tranchées. Dans leurs guerres continuelles contre les Maures, ou dans les luttes de partis, la continuelle confraternité d'armes qui s'établit entre seigneurs et vassaux contribua sans doute à entretenir entre eux des relations intimes. Toujours est-il que quand le pays est d'un côté, jamais la noblesse ne se mettra de l'autre. Aussi, à l'heure des révolutions, ne voit-on pas se manifester contre elle ces haines longtemps contenues et qui éclatèrent si terriblement en France lors de l'établissement du régime nouveau.

Avant l'étude de l'évolution du droit constitutionnel espagnol, un rapprochement nous paraît s'imposer entre ses origines et celles du droit constitutionnel français.

Comme en France, le droit constitutionnel s'im-
plante en Espagne, à la suite d'une réforme expresse,
à une date déterminée, copiant d'ordinaire, au travers de notre Constitution révolutionnaire de 1791,
les institutions politiques anglaises, présentant, en
un mot, tout comme le droit constitutionnel français,
au point de vue de son introduction, des caractéris-
tiques tout à fait opposées à celles du droit constitutionnel anglais, produit de l'histoire et de la tradition.
En Angleterre, ce n'est pas en un jour, ni en un an,
ni à une époque déterminée que naquit le régime
actuellement en vigueur ; mais il surgit des institutions du Moyen-Age ; il grandit peu à peu au milieu
des plus rudes combats entre le roi et la nation, les
barons et les communes, l'Eglise catholique et les
autres Confessions religieuses. C'est de la lutte entre
la monarchie normande et le peuple saxon, représentant l'élément de force et d'autorité, aux prises avec
celui de liberté, que naquit à la longue, en Angleterre,
le gouvernement actuel. Rien n'indique mieux la
façon dont se développa le régime auquel obéit
l'Angleterre que ces paroles de Gladstone : « La
Constitution anglaise n'est pas la réalisation d'une
conception philosophique, d'un principe abstrait ni
d'une généreuse utopie, mais le résultat d'un ensem-

ble de forces infinies et invincibles. Le grand édifice qu'est cette Constitution, admirée aujourd'hui par toute l'Europe, s'éleva sans bruit comme le temple de Jérusalem ; personne n'entendit le bruit du fer ni des outils mordant sur la matière ; l'immense édifice s'érigea comme eût grandi un palmier gigantesque » [1]. Aussi s'explique-t-on que la Constitution anglaise soit si imprégnée de l'esprit de ce peuple, et que le régime politique qu'elle établit soit si en harmonie avec le milieu qu'il régit.

Au moment où la France rompant avec l'ancien régime adopta une nouvelle forme politique, les constituants de la Révolution s'inspirèrent de la Constitution anglaise que les œuvres des grands écrivains du dix-huitième siècle leur avaient fait connaître et proposée souvent comme modèle ; en sorte que, suivant l'expression de Gneist, « l'Angleterre devint pour le droit politique ce que Rome fut pour le droit civil ».

Lorsque les constituants de Cadix voulurent à leur tour établir le droit politique espagnol suivant des formes nouvelles, fervents admirateurs pour la plupart de Montesquieu et de Rousseau, ils furent persuadés qu'il leur était impossible de trouver des institutions meilleures que celles que la France avait adoptées, et ils copièrent le plus souvent la Constitution de 1791, sans se préoccuper suffisamment si

(1) Gladstone. Kindbeyond sea, p. 50.

leur œuvre pouvait s'harmoniser avec l'état d'esprit
du peuple espagnol.

§ 2. — *Différentes réactions qui succédèrent à la
Constitution de l'an XII. — Evolution du droit
constitutionnel espagnol.*

L'évolution du droit constitutionnel espagnol pourrait être représentée schématiquement, non par une
ligne droite, mais par une ligne brisée en maints
endroits dont les bas figureraient les moments de
réaction contre le régime établi par la Constitution
de 1812 et de retour aux idées du passé, et dont les
hauts indiqueraient au contraire la reprise des progrès du droit constitutionnel dans un sens plus libéral, avec cette précision que la tendance du droit
constitutionnel à se développer s'accentue toujours
davantage, puisque les retours vers les institutions
et les idées du passé seront, chaque fois qu'ils se
produiront, toujours plus atténués et moins com-
plets [1]

Les premières réactions contre le droit nouveau
inauguré par la Constitution de 1812 se produisirent
en 1814 et 1823 et aboutirent à la négation du droit
récemment établi.

En 1814, en effet, les efforts héroïques de la nation
espagnole lui avaient finalement garanti son indépen-

(1) Posada, *op. cit*, p. 294.

4

dance; mais elle n'échappa au joug napoléonien que
pour retomber sous celui de Ferdinand VII qui manifesta sa gratitude au peuple qui l'avait libéré, en
abolissant brutalement l'œuvre des Constituants de
1812, déclarant « de nulle valeur et de nul effet la
Constitution des Cortès qu'on avait appelées : les
Cortès générales et extraordinaires de la nation .' »
L'abolition de la Constitution fut suivie du rétablissement de l'absolutisme et laissa inefficaces toutes
les réformes que les Cortès avaient faites pour rayer
des lois espagnoles les privilèges injustifiables qui s'y
trouvaient.

En 1820, le soulèvement de Riego à Cabezas de
San Juan marque le début de cette série de *pronunciamentos* qui rempliront l'histoire de l'Espagne jusqu'en 1874. Le *pronunciamento*, c'est-à-dire la révolte
de plusieurs corps de troupes qui se soulevèrent
contre le gouvernement absolutiste, obligea le roi à
proclamer la Constitution de 1812 et à réunir
des Cortès pour continuer l'œuvre des Cortès de
Cadix. Mais la réaction contre les idées nouvelles,
qui se manifestait alors dans toute l'Europe, empêcha le mouvement de Riego d'aboutir, et les
troupes françaises, qui passèrent la frontière pour
prêter à Ferdinand VII leur appui, rétablirent sans
peine l'ancien état de choses; aussi, en 1823, Ferdi-

(1) « Por nula y de ningun valor ni efecto la Constitucion de
las llamadas Cortes generales y extraordinarias de la Nacion ».

nand VII pouvait-il revenir au régime absolutiste interrompu pendant trois ans.

De 1823 à 1833, c'est la dernière période de l'absolutisme comme régime effectif, et la mort de Ferdinand VII ferme cette première période comprise entre 1812 et 1833, durant laquelle les idées de l'ancienne Espagne avaient eu constamment à se défendre contre les tendances libérales, période de lutte tenace entre l'*absolutisme* et le *constitutionalisme* [1].

A la mort de Ferdinand VII, la lutte entre les deux affirmations *absolutiste* et *constitutionnelle* commence à se dessiner décidément en faveur de la seconde ; voici dans quelles conditions : Ferdinand VII étant mort sans laisser d'héritier mâle, la question se posa de savoir qui devait lui succéder sur le trône : devait-ce être l'infant don Carlos, qui prit immédiatement le titre de Charles V, ou la fille de Ferdinand VII, Isabelle II? C'est en faveur de cette dernière que la question fut tranchée. Sans entrer dans la discussion qu'entraînerait la détermination des droits invoqués respectivement par Isabelle II et Charles V, nous dirons seulement qu'Isabelle fondait ses droits sur la loi votée par les Cortès en 1789, sous Charles IV, et tardivement promulguée par Ferdinand VII au moyen de la pragmatique du 29 mars 1830, loi et pragmatique qui abolissaient la loi rendue en 1713

---

(1) « Período de lucha tenaz entre el *absolutismo* y el *Constitucionalismo.* » Posada, *op. cit.* p. 296.

sous Philippe V introduisant en Espagne la loi salique, et déclaraient en vigueur pour régler les conditions de succession à la couronne la loi 2 du titre XV
de la Partie II [1]. De son côté, don Carlos invoquait
que la loi de 1789 et la pragmatique de 1830 n'avaient
aucune valeur légale, et que c'était la loi salique qui
devait être appliquée.

Mais, alors qu'en apparence il n'y avait qu'une
question de textes à interpréter, c'était en réalité la
lutte des deux idées contraires que nous exprimions
tout à l'heure qui reparaissait une fois de plus ;
autour de don Carlos se groupèrent, en effet, les
partisans de l'ancien régime absolutiste, autour
d'Isabelle II les partisans du régime constitutionnel,
et la guerre civile qui ensanglanta alors l'Espagne,
fut surtout une guerre entre les partisans de ces
deux tendances politiques. A la longue, ce furent les
armées libérales qui l'emportèrent rendant ainsi définitif l'établissement du régime constitutionnel. Néanmoins les institutions libérales traversaient évidem-
ment une crise, et nous en avons la preuve dans le
« Statut royal d'Aranjuez » que Dª Maria Christina,

---

(1) L'exemple le plus ancien que nous ait conservé l'histoire
du droit des femmes à succéder au trône est celui de doñà San-
cho, fille d'Alphonse V, roi de Léon, et sœur de Bermude III. Ce
prince étant mort sans enfants et la ligne mâle de sa dynastie
n'offrant aucun héritier, elle fut reconnue et proclamée reine de
Léon C'est ainsi, dit l'Archevêque don Rodrigue, dans son ouvrage sur l'histoire d'Espagne, que le droit des femmes à la couronne fut établi dans le royaume.

sous l'influence de Martinez de la Rosa, promulgua en 1834.

Ce statut royal est, en effet, une sorte de Charte octroyée, semblable à notre Charte de 1814 ; elle contient cinquante articles, émane d'un roi qui se considère comme souverain absolu et qui convoque en vertu des antiques lois les Cortès générales du royaume, réglemente les pouvoirs de celles-ci, la procédure qu'elles devront suivre, en un mot tout ce qui les concerne, sans que nulle part elle fasse une déclaration des droits qui pourrait constituer une garantie contre les pouvoirs du souverain. Ce statut établissait deux Chambres, mais sans leur accorder le droit d'initiative.

Comme il arrive toujours en pareil cas, le Statut royal, qui ne donnait satisfaction à aucune des deux tendances opposées, ne contenta personne, et son existence précaire devait prendre fin au premier choc des pronunciamentos.

L'émeute sanglante de la Granja (13 août 1836) imposa à la reine régente la promulgation de la Constitution de 1812 et la convocation de Cortès constituantes qui rédigèrent la Constitution de 1837.

La Constitution du 18 juin 1837, qui comprenait 77 articles, est importante pour plusieurs raisons : elle termine une période qu'on peut considérer comme transitoire entre l'ancien gouvernement absolu et le régime constitutionnel. Désormais, la lutte entre les idées va prendre un caractère tout à fait différent de celui qu'elle avait précédemment ; à partir de 1837 il n'y aura plus de restaurations du pouvoir absolu comme en 1814 et 1823 ; les discussions, violentes parfois, auront trait surtout à la somme plus ou moins grande de prérogatives que la Constitution attribuera au souverain, mais on ne mettra plus en question le régime constitutionnel lui-même. Enfin, cette Constitution est importante parce que, jusqu'à ce que la Révolution Française de 1848 ait provoqué la formation de grands courants démocratiques, elle représente le programme de l'une de ces deux tendances qui, sous le règne d'Isabelle II, se disputent le pouvoir et qui est la tendance *progresiva* ou *progresista*, laquelle affirme solennellement et en termes exprès le principe de la souveraineté nationale.

L'étude de cette Constitution de 1837, déjà intéressante par elle-même, bien que les principes qu'elle proclame soient les mêmes, mieux définis, toutefois, que ceux qu'avait affirmés déjà la Constitution de 1812, le deviendra bien davantage, si on compare, en l'étudiant, la Constitution de 1837 à cette autre Constitution politique qui représente sous le règne d'Isabelle II la tendance constitutionnelle opposée, et qui date de 1845 ; cette dernière représente, en effet, le programme du parti modéré et réactionnaire, c'est-à-dire de ce parti qui, reprenant lorsqu'il y a intérêt les principes traditionnels favorables au pouvoir personnel du monarque, se résigne bien à accepter sous l'empire de la nécessité le régime constitutionnel, mais cherche par tous les moyens à atténuer les affirmations du droit politique révolutionnaire.

La Constitution de 1837 est l'œuvre, de Cortès qui ont véritablement le caractère de Constituantes ; ce caractère fait au contraire défaut aux Cortès de 1845. La Constitution de 1837 est un acte *impératif* de la souveraineté nationale, et le préambule l'indique très nettement : « Les Cortès générales ont décrété et sanctionné et nous, Nous acceptons ce qui suit : la volonté de la nation étant, en vertu de son droit de souveraineté, de réviser la Constitution politique promulguée à Cadix le 19 mars 1812, les Cortès générales réunies en vue de la révision décrètent et sanctionnent la Constitution suivante ». La Constitution de 1845 est au contraire un *accord* entre la reine et la représentation populaire, comme le dit le préambule : « Notre volonté étant (la volonté de la reine) ainsi que celle des Cortès du royaume, de régulariser et d'harmoniser avec les nécessités actuelles de l'Etat, les antiques fueros et libertés de ce royaume et le droit d'intervention qu'ont eu de tous temps les Cortès dans les moments difficiles qu'a traversés la monarchie, nous avons, d'accord avec les Cortès actuellement réunies, décrété et sanctionné la Constitution suivante... ». Alors que suivant la première de ces deux Constitutions, à la base de la Constitution est la volonté de la nation souveraine, dans la seconde au contraire, qui est la traduction fidèle des idées doctrinaires, la Constitution est l'œuvre du roi souverain et des Cortès qui ont une part de la souveraineté.

Ces différences capitales se retrouvent dans les articles de ces deux Constitutions entre lesquelles un parallèle pourrait être matière à de longs développements. Dans la Constitution de 1837, le jury est admis pour juger les délits de presse (art. 2); il n'en est plus question dans la Constitution de 1845. — Au contraire de ce qu'admettait la Constitution de 1812, les Constitutions de 1837 et 1845 admettent la dualité des chambres ; mais tandis que dans la Constitution de 1837, le Sénat est élu au suffrage indirect (Titre III. Art. 14-15-19), il est nommé par le roi dans la Constitution de 1845 (T. III, art. 14 et suiv.) — En ce qui concerne le Congrès, la Constitution de 1837 laisse à la loi le soin de déterminer les conditions d'aptitude nécessaires pour exercer les fonctions de député (art. 23); la Constitution de 1845 détermine au contraire elle-même ces conditions (art. 22) — La première Constitution fixe à trois ans la durée des fonctions de député (art. 25) ; dans la seconde, la durée de ces mêmes fonctions est de cinq ans (art. 24). — L'art. 27 dit, dans la Constitution de 1837 : « Si le roi néglige de convoquer, dans le cours d'une année, les Cortès avant le premier décembre, et au cas où cette année-là précisément prendraient fin les fonctions de député, on procèdera le premier dimanche d'octobre à de nouvelles élections pour assurer le renouvellement des chambres » ; c'est vainement qu'on chercherait un tel article dans la Constitution de 1845. — Suivant la Constitution de 1837, les décisions du Congrès l'emportent sur celles du Sénat dans le cas où il s'agit de voter les lois concernant les contributions et le crédit public (Art. 37); la Constitution de 1845 décide seulement dans son article 36 que ces lois seront d'abord présentées au Congrès.

En somme, la Constitution doctrinaire de 1845 par son caractère de pacte, d'accord, entre le roi et les Cortès, et en ce qu'elle fait du pouvoir royal un pouvoir souverain, paraît aboutir à la négation des principes essentiels du régime représentatif que proclamait la Constitution de 1837 et se présente, comparée à celle-ci. comme un retour aux institutions du passé, mais déjà combien atténué. Elle est l'indice qu'une sérieuse évolution s'est accomplie, puisqu'elle admet implicitement comme définitivement acceptées certaines solutions politiques dont la discussion avait fait l'objet de luttes très vives de 1812 à 1833. En 1845, ce n'est plus en faveur des idées du passé une réaction violente analogue à celle qui se produisit en 1814, en 1823, ou même lors de la proclamation du Statut royal; c'est d'autre part un fait digne de remarque et bien significatif, pendant le règne essentiellement doctrinaire d'Isabelle II, que l'interruption de ce régime pendant deux ans, lorsque, de 1854 à 1856, domina la tendance *progressiste* qui aboutit à la Constitution, non promulguée d'ailleurs, de 1856.

Le 8 novembre 1855, après le pronunciamento du général O'Donnell et la remise de la dictature aux mains du duc de la Victoire Espartero [1], des Cortès extraordinaires furent convoquées à Madrid pour reviser la Constitution. De ces Cortès sortit la nouvelle Constitution de 1856, manifestation de l'esprit démocratique, qui, pour la première fois, fait tous ses efforts pour pénétrer directement dans la Constitution monarchique traditionnelle [2]. Cet esprit démocratique apparaît surtout : 1° dans le fait que cette Constitution fut l'œuvre d'une Assemblée constituante dans toute l'acception du mot ; 2° dans la netteté avec laquelle l'article Ier affirme la souveraineté de la nation ; 3° dans la façon dont les Cortès sont organisées, et spécialement dans l'origine populaire du Sénat ; 4° dans les pouvoirs attribués aux Cortès devant l'autorité desquelles tout le reste doit plier. Mais le projet en quatre-vingt-douze articles, qui avait été élaboré, ne put être promulgué ni entrer en vigueur à cause des faits qui se passèrent en 1856 [3].

La période qui s'étend entre 1856 et 1868 voit triompher les idées doctrinaires, parfois tempérées de

(1) V. de Mazade. *Les Révolutions d'Espagne*. Paris, 1874.

(2) Posada. *Op. cit.*, p. 304.

(3) V. de Mazade. *Op. cit.* O'Donnell, à la tête de l'armée, ayant battu les milices dévouées à Espartero, soumit à la reine un décret remettant en vigueur la Constitution de 1845...

libéralisme quand c'est le parti de l'*Union libérale* qui est au pouvoir, parfois franchement réactionnaires, quand c'est le parti modéré qui gouverne. L'acte additionnel du 15 septembre 1856, la réforme de la Constitution de 1845 faite par les Cortès le 17 juillet 1857 et qui avait pour objet l'organisation du Sénat, sont les seuls faits intéressants au point de vue de l'évolution du régime constitutionnel en Espagne, jusqu'au moment où un fait très grave et d'une portée extraordinaire détermina, dans l'organisation extérieure de l'Etat, le changement le plus radical qu'ait vu s'effectuer le peuple espagnol depuis 1837, changement entraîné par les excès du parti réactionnaire alors au pouvoir. Le 18 septembre 1869, un cri d'insurrection : « Plus de Bourbons ! » poussé d'abord dans la baie de Cadix, rallia toutes les forces libérales, et la royauté d'Isabelle disparut emportée par la révolution.

Pour la première fois, la nation espagnole appelée à se donner une Constitution se vit forcée d'organiser un gouvernement qui ne pouvait se justifier en invoquant des droits dynastiques, et fit une Constitution « *à la française* », c'est-à-dire en appelant à décider sur la façon dont l'Etat et le gouvernement devaient être entendus la plupart des citoyens majeurs élus au suffrage universel. Aussi n'est-il pas aventureux d'affirmer que dans l'histoire de l'évolution en Espagne des institutions constitutionnelles, c'est cette courte période qui précède la rédaction et la promul-

gation de la Constitution de 1869, qui contient la plus
haute expression des idées libérales, et cela à un degré tel que la restauration des Bourbons, qui tâchera
de faire prédominer dans la suite des tendances tout
à fait opposées, ne pourra jamais, en dépit de toutes
ses rigueurs et de sa durée, ressusciter l'état de choses antérieur à 1868 [1].

Le 8 octobre 1868, la junte révolutionnaire de Madrid confia le gouvernement provisoire au maréchal
Serrano jusqu'à la convocation régulière des Cortès.
Des élections eurent lieu au suffrage universel, et les
Cortès constituantes, réunies à Madrid le 12 février
1869, nommèrent, le 3 mars suivant, une commission de quinze membres pour préparer une nouvelle
Constitution. Les débats comencèrent le 7 avril et la
Constitution, en cent douze articles, fut votée le
1er juin et promulguée le 6. Cette Constitution de 1869
est la manifestation la plus pure de la doctrine de la
souveraineté nationale conçue *à la française* et on y
sent l'influence profonde de Rousseau déjà dans le
préambule : « La nation espagnole, dit ce préam-,
bule, et en son nom les Cortès constituantes *élues
par le suffrage universel* désirant garantir la justice,
la liberté et la sécurité, et pourvoir au bien de tous
ceux qui vivent en Espagne, *décrètent* et *sanctionnent*
la Constitution suivante. » La Constitution est donc
l'œuvre de l'Etat, mais l'Etat étant entendu comme

(1) Posada. *Op. cit.*, p. 306.

la nation elle-même qui exerce son action au moyen du suffrage universel et trouve son expression dans les majorités.

La partie dogmatique est très étendue ; la Constitution de 1869 contient la véritable déclaration des droits des Espagnols.

La partie organique, très complète, est la plus systématiquement ordonnée de toutes les constitutions espagnoles. Elle commence par affirmer que la souveraineté réside dans la nation et que celle-ci est la source de tous les pouvoirs. La Constitution établit ensuite la forme du gouvernement que la nation se donne : c'est la monarchie, mais une monarchie représentative dans laquelle le monarque ne tient son titre qu'en vertu d'une décision de la nation. Enfin, la Constitution répartit les fonctions de l'Etat entre des organes spéciaux qui sont : les Cortès, le roi, les ministres et les tribunaux, et indique comment sont organisés le pouvoir législatif, le pouvoir du roi, le pouvoir exécutif dont jouiront les ministres et le pouvoir judiciaire. Nous envisagerons plus spécialement dans la Constitution de 1869 l'organisation du pouvoir législatif.

L'article 34 de la Constitution de 1869 établit que le pouvoir de faire des lois réside dans les Cortès et que le roi les sanctionne et les promulgue.

Les Cortès se composent de deux corps législatifs, le Sénat et le Congrès, égaux en pouvoirs (art. 36). Tout Espagnol jouissant de ses droits civils a le droit de voter dans les élections des sénateurs, députés aux Cortès, députés provinciaux et conseillers municipaux (art. 16).

Les sénateurs et députés représentent toute la nation et non exclusivement les électeurs qui les nomment (art. 40). Aucun sénateur ni député ne pourra recevoir de ses électeurs un mandat impératif (art. 41).

Les Cortès se réunissent tous les ans. Le roi peut les convoquer, suspendre ou clore les sessions, et dissoudre l'une des Chambres ou toutes les deux à la fois (art. 42). Dans ce dernier cas, le décret royal contiendra nécessairement la convocation des Cortès dans un délai de moins de trois mois (art. 72). Les Cortès seront réunies au moins quatre mois chaque année, sans comprendre dans ce temps celui qui sera employé à leur constitution. Le roi les convoquera au plus tard pour le premier jour de février (art. 43).

L'initiative des lois appartient au roi et à chacune des Chambres législatives (art. 54). Outre la puissance législative, les Cortès ont le pouvoir : 1° de recevoir du roi, du successeur immédiat de la couronne et de la régence, le serment d'observer la Constitution et les lois ; 2° de résoudre toute question de fait et de droit qui se présenterait dans le règlement de la succession de la couronne; 3° de choisir la régence du royaume et de nommer un tuteur au roi mineur dans le cas où le prévoit la

Constitution ; 4º de rendre effective la responsabilité
des ministres... (art. 58),

Les ministres sont responsables devant les Cortès
des délits qu'ils commettent dans l'exercice de leurs
fonctions ; le Congrès les met en accusation et le
Sénat les juge (art. 89).

Ces dispositions manifestent nettement de la part
des constituants de 1869, en même temps que l'intention d'assurer l'indépendance du pouvoir législatif, le
désir d'établir par la Constitution un Etat pleinement
représentatif et parlementaire.

Le dernier titre de la Constitution de 1869 (le
titre XI), traite de la revision de la Constitution,
qui sera effectuée par des Cortès constituantes convoquées à cet effet sur la proposition des Cortès ordinaires ou du roi, sans que la sanction de ce dernier
soit indispensable à la décision entraînant la revision.

Nous avons ainsi dessiné à grands traits la physionomie de cette célèbre Constitution à l'esprit démocratique qui vécut en Espagne depuis sa promulgation jusqu'à 1874, et dont l'influence sur les
manifestations politiques ultérieures apparaît dans la
part de plus en plus considérable que la Restauration
dut faire dans la suite aux tendances et aux idées
qu'elle affirmait.

La proclamation de cette Constitution de 1869
démontre que nous avions raison, au début de cet
historique de l'évolution du droit constitutionnel
espagnol, d'indiquer que, à chacune des diverses

phases qui caractérisent cette évolution, les termes
de la lutte entre les tendances rétrograde et progressiste s'élargissent de plus en plus. Jusqu'en 1833,
nous avons assisté à la lutte entre l'absolutisme et le
régime constitutionnel ; de 1837 à 1868, ce n'était plus
que la lutte entre les solutions plus ou moins libérales qu'il appartenait aux monarques d'adopter, le
principe du régime constitutionnel n'étant plus désormais discuté ; à partir de 1868 enfin, toutes les institutions sont transformées dans un sens démocratique,
les termes de la lutte politique s'élargissent encore,
et dans la suite il n'y aura plus que lutte entre un
doctrinarisme très atténué et les tendances à l'organisation d'un Etat pleinement représentatif [1].

Nous pouvons encore invoquer, à l'appui de ce que
nous affirmions au début, la destinée éphémère qu'eut
la Monarchie démocratique d'Amédée Ier [2], essai radical d'un gouvernement représentatif, et la destinée
plus éphémère encore, mais de signification autrement importante, de la République de 1873 avec son
essai de Constitution fédérale. Au fond de l'une
comme de l'autre de ces tentatives se manifeste la
volonté d'organiser l'Etat, sans qu'aucun élément
puisse dans cette organisation être au-dessus de

---

(1) Posada. *Op. cit.* p. 308.

(2) Amédée de Savoie fut élu roi le 16 novembre 1870, sous le
nom d'Amédée Ier, mais après deux ans de règne, il abdiqua le
11 février 1873, et le lendemain les Cortès prenant le nom d'Assemblée nationale proclamèrent la République.

l'Etat lui-même. Toutes les deux impliquent la condamnation du principe de l'hérédité, reste des idées féodales, comme principe politique et la proclamation du principe contraire qui est que toutes les magistratures publiques ont une origine commune dans la souveraineté de la nation, et sont la représentation de cette souveraineté.

Il semble bien que ces deux tentatives d'établissement, d'abord d'une Monarchie démocratique, puis d'une République, soient la plus forte expression en Espagne de l'influence des idées modernes qui y formulent sans réserve aucune la nécessité du gouvernement représentatif basé sur l'opinion publique.

L'essai de l'instauration de la République en Espagne fut des plus malheureux et le bilan de la République espagnole peut être rapidement établi : « Au premier jour, les progressistes ralliés au nouvel ordre de choses mis de côté, et les républicains de la veille prétendant au monopole des portefeuilles et des places ; au second jour, les plus avancés et les plus turbulents imposant au pouvoir leurs hommes et leur drapeau si ce n'est leurs théories. Pi y Margall succédant à Figueras et la République fédérale à la République sans épithète, puis l'excès du mal amenant un retour en arrière, les hommes modérés rappelés au gouvernail au milieu de l'orage, Castelar succédant à Salmeron, successeur de Pi y Margall, l'administration retrempée, l'armée raffermie, l'ordre rétabli dans les provinces, et le pouvoir réparateur en

5

butte aux attaques des partis extrêmes renversé le
2 janvier par les Cortès républicaines au moment où
il semblait rendre la République viable, les Cortès, à
leur tour, dissoutes le 3 janvier par les grenadiers
du général Pavia pour faire place à une dictature
militaire préface d'une restauration, telle est l'histoire
de la République espagnole » [1].

Après avoir envoyé la garde civile de Madrid dis-
perser les Cortès, le général Pavia refusa tout pouvoir
pour lui-même, et c'est le maréchal Serrano, duc de
la Torre, qui devint chef du pouvoir exécutif et dicta-
teur. Mais, une fois brisée l'autorité légale des Cortès, le maréchal Serrano ne sut pas donner à l'Espagne
le gouvernement régulier qu'elle attendait de lui. La
République était désormais discréditée pour longtemps en Espagne, et la restauration était un évène-
ment qui paraissait inévitable.

Aussi le pronunciamento du général Martinez Cam-
pos proclamant, le 29 décembre 1874, Alphonse |XII
à Sagonte, ne rencontra-t-il pas d'opposition. Abandonné de tout le monde, le maréchal Serrano, qui
combinait alors une campagne contre les carlistes,
n'essaya même pas de remonter le courant et déclara
qu'on n'avait plus à compter avec son gouvernement.

Pendant toute l'année 1875, les Cortès ne furent

(1) Charles Benoit. — Vingt ans de monarchie moderne en Espagne. — *Revue des Deux-Mondes*, 1er octobre 1894.

point réunies; le gouvernement ne se décida à les
convoquer que l'année suivante. Elues le 20 janvier
1876 au suffrage universel, conformément à la législation en vigueur, les Chambres se réunirent le 15 février et s'occupèrent aussitôt du projet de Constitution dont le roi avait confié l'élaboration à une
Commission spéciale composée de notabilités du parti
monarchique. Ce projet, présenté par M. Canovas del
Castillo, président du Conseil des ministres, fut voté
presque sans modifications le 30 juin 1876.

Un fait saillant dans cette lutte ininterrompue entre
les partis opposés est que l'insurrection reste le
grand instrument des évolutions politiques de l'Espagne; c'est ce qui explique que les chefs choisis par
les partis soient bien souvent des soldats. En outre,
il semble qu'au cours de cette longue agitation, la
masse du peuple reste plutôt indifférente. A y regarder de près, la révolution au delà des Pyrénées n'a
pas un caractère réellement populaire. Il faudra
l'aveuglement de la royauté, qui ne sut pas profiter
du sérieux avertissement qu'aurait dû être pour elle
la révolution de 1854, et le stimulant de vexations
sans nombre, pour amener le mouvement de 1868.
Pour remplacer les Bourbons, l'Espagne travailla
sans relâche mais sans succès.

Certains comprendront peut-être difficilement que
deux pays comme la France et l'Espagne, qui paraissent placés dans des conditions analogues, après
avoir semblé pendant longtemps faire même route

aient pris inopinément deux chemins opposés. Mais la substitution d'une république régulière à une monarchie séculaire était rendue particulièrement difficile en Espagne, d'abord à cause de la structure même du sol espagnol qui devait pousser au mouvement régionaliste ou cantonaliste d'où sortirent sous la République les pires excès, ensuite à cause de l'ignorance grossière du peuple espagnol chez lequel les idées libérales du dehors et les traditions d'un passé autoritaire se confondirent en un désordre inextricable. La courte destinée de la République espagnole n'a donc rien qui doive nous étonner outre mesure.

CHAPITRE II

La Constitution de 1876.

Caractères généraux de la Constitution de 1876 et sources du droit constitutionnel actuel.

C'EST UNE CONSTITUTION DOCTRINAIRE.

La Restauration des Bourbons effectuée, et D. Alphonse XII proclamé roi, théoriquement c'était la continuation du régime antérieur à 1868 ; mais la Restauration ne pouvait faire complètement abstraction des réelles et profondes transformations politiques réalisées sur certains points grâce à la révolution de 1868 et dont la Constitution de 1869 avait donné la formule.

Aussi ne déclara-t-elle pas la mise en vigueur immédiate de la Constitution de 1845, comme il paraissait naturel à quelques-uns des doctrinaires intransigeants qui entouraient Canovas del Castillo ; mais fit-elle faire une nouvelle Constitution, celle de 1876, par des Cortès en réalité non constituantes.

Dès le début, la Constitution prend la portée et le caractère d'une Constitution doctrinaire [1]. Il suffit, pour s'en rendre compte, de lire le préambule : « D. Alphonse XII dit..., que *en conformité d'opinion* avec les *Cortès du royaume* actuellement réunies, Nous avons *décrété* et *sanctionné* la Constitution suivante [2]. »

La Constitution du 30 juin 1876 comprend 89 arti cles et est divisée en treize titres qui traitent successivement : Des Espagnols et de leurs droits. — Des Cortès. — Du Sénat. — Du Congrès des députés. — Des sessions et des pouvoirs des Cortès. — Du roi et de ses ministres. — De la succession à la couronne. — De la minorité du roi et de la régence. — De l'administration de la justice. — Des députations provinciales et des ayuntamientos (conseils municipaux) — Des contributions. — De la force militaire. — Du gouvernement des provinces d'outre-mer.

Comme on le voit, la Constitution de 1876 est loin d'avoir l'étendue des Constitutions révolutionnaires,

(1) Le doctrinarisme s'efforce de concilier les principes du régime monarchique et traditionnel, avec les données du régime moderne inauguré par la Révolution américaine et surtout par la Révolution française. La théorie fondamentale est la suivante : le roi est souverain en veitu d'un principe affirmé de tous temps par l'histoire, mais la nation participe aussi au pouvoir souverain au moyen de ses représentants, ce qui s'exprime dans des phrases telles que celle-ci : Roi souverain et peuple libre.

(2) « D. Alfonso XII dice..., *que en union y de acuerdo con las Cortès del Reino* actualmente réunidas, hemos venido decretar y sancionar la siguiente constitucion. »

puisque la Constitution de 1812 avait 384 articles et 112 celle de 1869. Il semble que le laconisme dont elle fait preuve en ses 89 articles pourrait être expliqué en partie par le désir de la royauté espagnole de ne pas s'engager à fond, sitôt après avoir été restaurée, dans un sens trop libéral qui l'aurait fait taxer d'ingratitude par ses fidèles qui venaient de rétablir Alphonse XII sur le trône, ou dans un sens réactionnaire qui aurait pu provoquer une nouvelle révolution dans une nation si prompte à se rallier à tous les pronunciamentos, étant donné surtout les bases peu solides de la nouvelle royauté. On fit donc une Constitution prêtant à une interprétation un peu élastique, qui, dans la suite, pourrait être complétée par des lois organiques dans un sens libéral, si la nécessité de rendre la monarchie restaurée plus moderne apparaissait.

De l'ensemble de la Constitution de 1876, il résulte que le gouvernement qu'elle établit pour l'Espagne est une monarchie constitutionnelle parlementaire.

Sur plusieurs points, on constate des traits assez nombreux de ressemblance entre la Constitution de 1876 et celle de 1869. Mais, à raison de son caractère doctrinaire, la première ne pouvait consacrer, comme l'avait fait la seconde, l'adoption d'un gouvernement tout à fait représentatif par l'élection du Chef de l'Etat et des deux Chambres et la reconnaissance du suffrage universel. Aussi, la royauté est-elle déclarée héréditaire ; le suffrage universel est supprimé pour l'élection des députés, et une partie dn Sénat n'est pas soumise à l'élection. Quel est, dès lors, suivant la Constitution de 1876, le pouvoir souverain, si ce n'est pas la volonté de la nation?

LE POUVOIR SOUVERAIN DANS LA CONSTITUTION DE 1876

La Constitution de 1876, pas plus que celle de 1845, ne contient, en ce qui concerne l'attribution du pouvoir souverain, aucune déclaration expresse, à la différence des Constitutions de 1812 (art. 3), de 1837 (Préambule), de la Constitution non promulguée de 1856 (art. 1er) et de la Constitution de 1869 (art. 32). Il est néanmoins assez facile de dégager la théorie de la souveraineté qui y est implicitement contenue si on tient compte principalement de deux faits : les conditions dans lesquelles elle fut rédigée et les termes de son préambule.

La Constitution de 1876 ne pouvait qu'être l'affirmation expresse des tendances auxquelles répondait le restauration des Bourbons en 1874-75, et devait s'élever comme une protestation contre les idées qui avaient dominé le droit constitutionnel espagnol après la révolution de 1868. Aussi fut-elle faite par des Cortès qui n'eurent aucunement le caractère de véritables *constituantes*. C'étaient. comme nous l'avons dit plus haut, des Cortès dont l'œuvre avait besoin de la *sanction royale*.

C'est là un fait sur lequel il convient d'insister.

Nous avons vu, en effet, comment les Cortès de
Cadix avaient organisé pour la première fois en
Espagne un régime nouveau, le régime représentatif,
et déclaré dans l'Assemblée constituante le principe
de la souveraineté nationale, puis nous avons montré
comment, après les réactions brutales de 1814 et
1823, le régime nouveau s'affermit peu à peu au
cours de la lutte plus ou moins violente qu'on constate, sous le règne d'Isabelle II, entré les tendances
de la monarchie à se mettre au-dessus des Constitutions écrites, et les tendances des partis libéraux
à attribuer à la nation, représentée dans les Cortès
constituantes, le pouvoir suprême. Quand les libéraux l'emportaient, généralement parce que l'armée
était de leur côté (1836-1854-56 et 1868-69), la Constitution écrite était l'œuvre de Cortès réunies, à cet
effet, avec le caractère de constituantes, pour représenter la nation, affirmer sa souveraineté, et le mode
de gouvernement établi était alors considéré comme
créé par la Constitution (surtout en 1856 et 1869).
Au contraire, quand c'était la tendance opposée,
c'est-à-dire un doctrinarisme plus ou moins atténué
qui dominait, la Constitution était, ou l'œuvre du
Roi (Chartre octroyée et Statut royal de 1834), ou
l'œuvre de Cortès *ordinaires* sanctionnée par le souverain, le document constitutionnel ne contenant
alors aucune affirmation expresse touchant la souveraineté (Constitution de 1845 et réformes constitutionnelles de 1857 et 1864).

Etant donné ces antécédents très intéressants, on comprendra mieux maintenant la portée du premier de ces deux faits, relatifs à la Constitution de 1876, dont nous parlions tout à l'heure, et qui est la rédaction de la Constitution dans des Cortès dont l'œuvre devait être nécessairement sanctionnée par le roi.

Le préambule de la Constitution dit à la lettre : « D. Alphonse XII, *par la grâce de Dieu roi constitutionnel d'Espagne*..... sachez que *en conformité d'opinions* avec les Cortès actuellement réunies, *nous avons décrété et sanctionné* la Constitution suivante de la monarchie espagnole » ; ce qui est tout à fait différent de ce que dit au même endroit la Constitution de 1869 : « La Nation espagnole, et en son nom les Cortès *constituantes* élues au suffrage universel, désirant garantir la justice, la liberté et la sécurité, et assurer le bien général de tous les Espagnols, *décrètent et sanctionnent* la Constitution suivante ».

Cette dernière Constitution, en effet, représente la nation comme la source de tout pouvoir et comme étant à la base de l'Etat ; la Constitution est son œuvre et le gouvernement est absolument subordonné à la nation souveraine qui pourra, quand elle le jugera opportun, réviser la Constitution. Au contraire, rien dans la Constitution de 1876 n'indique qu'elle a pour origine la volonté de la nation ; en revanche la Constitution déclare expressément qu'elle est l'œuvre de la monarchie, d'accord avec les Cortès représentant la nation. Ce caractère de pacte ou d'accord et d'intervention directe de la Monarchie apparait de façon évidente si on compare la formule du préambule de la Constitution qui dit : « nous avons (le roi d'accord avec les Cortès) *décrété et sanctionné* » avec la formule communément usitée pour la promulgation des lois ordinaires qui dit : *les Cortès* ont *décrété* et *Nous avons sanctionné*.

La conséquence naturelle de tout ceci, c'est que si on ne considère que la teneur littérale de la Constitution, c'est-à-dire le droit écrit, on doit considérer comme dépositaire du pouvoir souverain la monarchie dans la personne du monarque régnant, « Roi, par la grâce de Dieu », et la représentation nationale dans les Cortès. toutes deux participant également à la souveraineté. Mais doit-on admettre, comme conclusion générale, au regard du droit espagnol considéré dans son ensemble, la conclusion particulière à laquelle nous a amené l'examen du droit écrit ?

L'histoire de l'évolution du droit constitutionnel espagnol ne permet pas de répondre sur ce point par l'affirmative. En effet, depuis 1812, date à laquelle a été posé le principe de la souveraineté nationale, il y a eu une série de mouvements contradictoires de progrès et de réaction, chaque étape indiquant en définitive ou bien l'affirmation chaque fois plus radicale de ce principe (1820, 1836, 1854, 1856, 1869 et 1873), ou bien une réaction contre ce même principe,

mais toujours plus atténuée et marquée par la transformation des pouvoirs du monarque (1814 et 1823,
1834 ; Statut royal 1845, 1864, 1874 et 1876). Il semble que, au cours de tout le dix-neuvième siècle, un
gigantesque travail se soit effectué dans le but d'as-
seoir le principe de la souveraineté nationale.

Il faut, en outre, reconnaître que, depuis les premiers moments de la Restauration, bien des changements ont été apportés aux pratiques d'abord
dominantes. Les réformes politiques introduites par
la Régence, notamment l'introduction du suffrage
universel, indiquent une tendance indéniable vers la
pratique plus complète du régime représentatif.

Toutes ces considérations étant faites, on peut
soutenir que la Constitution de 1876 réflète une solution transitoire et encore peu assise, au point de vue
du problème de la souveraineté, solution qui chaque
jour semble être modifiée par l'empire croissant que
prend « en théorie » l'opinion publique. En l'état
actuel, le droit constitutionnel espagnol flotte entre
deux tendances, l'une le portant à reconnaître la
souveraineté de la nation, tendance que le rétablissement du suffrage universel vint affirmer de nouveau
en 1890, l'autre tendance aboutissant, dans l'ordre
légal, à la manifestation des idées doctrinaires et se
traduisant, d'abord dans le préambule de la Constitution de 1876, puis, comme nous le montrerons plus
tard, dans l'absence d'une procédure spéciale de
révision.

GARANTIE DES DROITS INDIVIDUELS DANS LA CONSTITUTION
DE 1876.

La Constitution espagnole de 1876 énumère les
garanties des droits individuels dans le titre 1er qui
traite « des Espagnols et de leurs droits. »

Lorsque on analyse le texte du Titre I de la Constitution actuelle, on constate que c'est à tort que la Constitution attribue par l'intitulé de ce titre un caractère
strictement *national* aux droits qu'elle garantit. Malgré
l'intitulé du Titre I et quoique la Constitution définisse
dans son article 1er la condition des Espagnols et parle
ensuite dans quelques articles des droits des Espagnols, il est certain qu'elle envisage les droits des
personnes en général qu'elles soient ou non espagnoles. Aussi faisant abstraction de l'intitulé de ce
titre, on peut faire dans son contenu une distinction,
suivant qu'il est question de droits reconnus à des
Espagnols et à des étrangers (art. 2-4-6-7-8-10-11 et
12) ou suivant qu'il est question de droits reconnus
aux seuls Espagnols (art. 3-5-9-12-13-14-15 et 16) [1].

La Constitution espagnole déclare que les garanties ne pourront être suspendues dans toute l'étendue de la monarchie ou dans une partie du territoire
que temporairement et en vertu d'une loi, quand la
sûreté de l'Etat et des circonstances extraordinaires

(1) Pour l'énumération des garanties des droits individuels, V.
Dareste. *Les Constitutions modernes*, t. 2 Espagne. Constit. de
1876, p. 1 et s. Titre I.

l'exigeront. Si les Cortès ne sont pas réunies et si le cas est grave et urgent, le gouvernement pourra sous sa responsabilité décréter la suppression des garanties à charge de soumettre sa décision aux Cortès le plus tôt possible (art. 17) .

Les garanties des droits contenues dans la Constitution de 1876 sont loin d'avoir la même portée que celles qui sont établies par la Constitution des Etats-Unis : 1° parce que la Constitution de 1876 est une œuvre *législative*, 2° parce que les garanties des droits qu'elle contient ont un caractère de généralité qui laisse beaucoup à l'action des lois organiques d'un caractère doctrinaire. Si on considère réellement comme une garantie des droits le fait qu'on ne peut toucher à eux qu'au moyen de lois constitutionnelles, une telle garantie n'existe pas dans la Constitution de 1876. En somme, le système de garanties des libertés individuelles établi par la Constitution de 1876 est un système intermédiaire entre les systèmes extrêmes français et américains : alors en effet que la Constitution française de 1875 ne fait aucune allusion aux garanties des droits individuels, la Constitution des Etats-Unis procède au contraire à leur énumération, et ne permet d'y apporter une modification quel-

(2) Le 29 novembre 1905, les Cortès espagnoles ont voté d'urgence un projet de loi présenté par le gouvernement et établissant la suspension des garanties constitutionnelles dans la province de Barcelone.

conque qu'au moyen de la procédure employée pour
la révision de la Constitution.

IMPORTANCE DE LA CONSTITUTION DE 1876

Tout d'abord on serait tenté de croire que la Constitution actuelle n'a pas grande importance puisqu'elle ne fait que reproduire les mêmes affirmations
qu'avait déjà exprimées le préambule de la Constitution de 1845. Sans doute, comme celle-ci, la Constitution de 1876 a parfaitement le caractère doctrinaire;
elle est le résultat, comme la Constitution de 1845,
d'une sorte d'accord entre ceux qui participent de la
souveraineté politique (le roi et la représentation nationale); ces deux Constitutions supposent également
la sanction royale; chacune est une Constitution *externe* supposant une Constitution *interne* irréformable : enfin, dans les deux, la monarchie est antérieure
à la Constitution. Mais on remarque clairement dans
la Constitution de 1876 l'influence de celle de 1869;
la Constitution de 1876 est bien plus souple que celle
de 1845 et beaucoup plus explicite, notamment en ce
qui concerne l'organisation du Sénat. D'autre part,
très habilement rédigée, la Constitution de 1876 laisse
une large part à l'action des pouvoirs publics et des
lois organiques. Aussi s'explique-t-on que, sans va-
rier dans sa lettre, la Constitution de 1876 ait servi
de règle fondamentale plus ou moins respectée, durant les premières années de la Restauration, pen-

dant lesquelles furent appliquées toutes les conséquences du doctrinarisme', tant au moyen de lois
restrictives des libertés antérieures, que par les mesures que prit le gouvernement à l'égard des partis
distingués par lui en partis *légaux et illégaux*, et
qu'ensuite, à l'époque de la *Régence*, la même Constitution ait été admise alors que l'orientation politique
était toute différente et que le gouvernement allait
jusqu'à accepter les principes plus ou moins atténués
de la Révolution de 1868, comme le prouvent les lois
sur la presse (celles-ci déjà antérieures à la Régence),
l'introduction du jury et l'établissement du suffrage
universel.

La Constitution de 1876 est la source principale du
Droit constitutionnel espagnol, mais non pas la source
unique, et dès lors il nous paraît indispensable d'indiquer brièvement les sources du Droit constitutionnel actuel.

SOURCES DU DROIT CONSTITUTIONNEL ESPAGNOL

En Espagne, comme presque partout ailleurs, le
droit constitutionnel a deux sources : 1° la coutume;
2° le Droit écrit.

Le Droit coutumier a une grande importance en
Espagne où la vie politique offre dans ses manifes-

(1) Les théories doctrinaires de la Restauration ont été exposées
et combattues, par Azcarate, dans son intéressant ouvrage : *El
self governement y la monarquia doctrinaria*. Madrid 1884.

tations journalières et irréfléchies tant de côtés origi-
naux, et où la pratique réfléchie et l'exercice des pouvoirs publics montrent qu'on y vit en pleine fiction
monarchique constitutionnelle[1].

Quant à la seconde source du Droit constitutionnel,
outre la Constitution de 1876, elle comprend toute une
législation politique complémentaire, qui, si elle n'a
pas les caractères formels de loi constitutionnelle,
peut néanmoins être mentionnée comme source du
Droit constitutionnel. L'importance de cette législation augmente dans le Droit constitutionnel espagnol,
à raison du laconisme du document principal, la
Constitution de 1876, laconisme voulu d'ailleurs et
que nous avons déjà expliqué.

M. Posada énumère, dans le tableau suivant, les actes les plus importants du Droit constitutionnel écrit :

1° Constitution du 30 juin 1876.

2° Lois électorales.

a) Loi électorale pour les députés aux Cortès, du
26 juin 1890. Elle comprend six titres divisés en chapitres et cent neuf articles plus cinq dispositions addi-
tionnelles.

b) Loi sur l'élection des sénateurs dans la péninsule, du 8 février 1877. Elle comprend six chapitres
et soixante et un articles.

---

(1) Azcárate. *El regimen parlamentario en la practica*. Madrid 1885.
Posada. *Estudios sobre el regimen parlamentario en España*. Madrid 1891.

3° Loi sur les rapports entre les corps législatifs, du 19 juillet 1837. Treize articles.

4° Loi sur les incompatibilités et les cas de réélection du 7 juillet 1880, qui comprend quatre articles, et loi du 31 juillet 1887 modifiant l'article 4 de la loi antérieure.

5° Règlement du Congrès des députés du 4 mai 1847 et réformes postérieures de différentes années ; comprend 21 titres et 222 articles.

6° Règlement du Sénat du 21 juin 1877 et additions postérieures; comprend 29 titres et 133 articles.

7° Loi sur la procédure à suivre quand le Sénat se constitue en Haute Cour de justice, du 11 mai 1849.

8° Loi provinciale et municipale respectivement du 29 août 1882 et 2 octobre 1877.

9° Loi sur l'ordre public du 23 avril 1870.

10° Loi politique sur la presse, du 21 juillet 1883.

11° Loi sur les réunions publiques du 15 juin 1880.

12° Loi règlementant le droit d'association du 30 juin 1807, etc.....

En somme, la Constitution de 1876, ou mieux le droit constitutionnel espagnol, ne réalise pas un type de gouvernement original, distinct de tous les autres types de gouvernement européen et américain.

Le régime moderne espagnol a été surtout influencé dans sa formation par l'exemple des autres nations et par les changements sociaux survenus déjà dans le monde civilisé. La contexture de l'Etat espagnol actuel ressemble assez à celle de l'Etat français,

tout comme l'évolution historique de son droit cons_
titutionnel a des points nombreux de ressemblance
avec celle du droit constitutionnel français. Le droit
constitutionnel espagnol ne reproduit aucune des
particularités distinctives du droit constitutionnel
anglais, allémand et des Etats-Unis. Si ces Etats sont
décentralisés, si l'Angleterre réalise le type traditionnel du Selfgovernment, et les Etats-Unis et l'Allemagne les formes diverses de la structure politique de
l'Etat fédéral, l'Espagne réalise au contraire, à
l'exemple de la France, le type de la centralisation
politique, avec cette différence que la France est une
République démocratique unitaire, tandis que l'Espagne est une monarchie doctrinaire.

Quoique dans une étude générale du droit constitutionnel contemporain l'Espagne ne figure pas d'ordinaire comme un Etat *type*, peut-être pourrait-elle
servir, à côté de la République démocratique parlementaire française, de l'empire fédéral allemand, de
la Monarchie représentative et parlementaire anglaise,
et de la République fédérale des Etats-Unis, à
représenter une forme de gouvernement offrant, plus
qu'aucune autre, le caractère de régime de transi-
tion, et réalisant le type d'un gouvernement parlementaire et doctrinaire à la fois.

SECTION II
Revision de la Constitution de 1876.

Lorsqu'on examine les divers Etats au point de vue

de la procédure adoptée par leurs législations posi-
tives pour la revision de la Constitution, on constate
qu'on peut les ranger dans trois groupes différents.

Dans le premier figurent les États qui exigent pour
la revision de la Constitution la réunion d'une Assemblée constituante spécialemement élue en vue de la
revision. Comme types principaux nous citerons dans
ce premier groupe : les États-Unis, la Belgique et la
Suisse [1].

Un second groupe comprend les États qui, bien
qu'ayant recours à une procédure spéciale pour la
revision de la Constitution, attribuent aux Assemblées législatives déjà élues le caractère et le pouvoir
d'Assemblées constituantes; ou tout au moins les
États qui indiquent de quelle façon la Constitution
pourra être revisée. Dans ce second groupe, nous pou-

(1) Suivant la Constitution des États-Unis, de 1789, toute revision de la Constitution (sans entrer dans le détail de la procédure
de revision) doit passer par quatre phases essentielles : 1o on
consulte le peuple sur la nécessité de convoquer une Convention ;
2o les législateurs décrètent l'élection de l'Assemblée chargée de
réviser la Constitution ; 3o l'assemblée rédige le projet ; 4o ce projet
doit être ratifié par le peuple.

D'après la Constitution belge, le pouvoir législatif a le droit de
déclarer la nécessité de la revision (art. 131). Une fois faite cette
déclaration, la dissolution des Chambres est prononcée et de nouvelles Chambres sont convoquées. Celles-ci, d'accord avec le roi,
déterminent les points qu'il y aura lieu de soumettre à une revision, mais elles ne pourront prendre une décision que si les 2/3
au moins de chaque Chambre sont présents, et la revision ne sera
pas adoptée si elle n'a pas rallié au moins les 2/3 des votes.

Suivant la Constitution Suisse de 1874, réformée en 1891, la
Constitution fédérale peut être soumise en tous temps à une revi-

vons faire entrer comme types principaux, la France
et, jusqu'à un certain point, l'Allemagne [1].

Nous rangerons enfin dans un troisième groupe
les Etats dont les lois ne contiennent aucune disposition relative à la revision; c'est dans ce groupe

sion totale ou partielle (art. 118). Il y a lieu à revision totale quand
une section de l'Assemblée fédérale décrète la revision constitutionnelle et que l'autre refuse, ou bien quand 50,000 citoyens
suisses, investis du droit de suffrage, demandent la revision ; la
question de savoir si la Constitution doit être ou non revisée est
soumise alors à la votation du peuple suisse. Si dans l'un ou l'autre de ces deux cas, la majorité des votants se prononce pour l'affirmative, les deux Assemblées devront être renouvelées pour
procéder à la revision. La revision partielle peut être décidée soit
par la voie de l'initiative populaire, quand 50,000 citoyens investis
du droit de vote réclament dans une pétition un changement à la
Constitution, soit à la suite d'un vote de l'Assemblée fédérale.

Un grand nombre d'Etats américains recourent de même à l'emploi de Constituantes pour reviser la Constitution : L'Argentine,
le Nicaragua, le Paraguay, Salvator, Guatemala, Honduras, etc.

(1) Suivant les lois constitutionnelles françaises de 1875, les
Chambres ont le droit de voter la revision à la majorité absolue
des votants, soit spontanément, soit sur la proposition du Président de la République. Les Chambres se réunissent ensuite à
Versailles, en Assemblée nationale, pour procéder à la revision.

Les réformes apportées à la Constitution fédérale allemande
sont effectuées, décide la Constitution, de la même façon que les
modifications apportées aux lois ordinaires. Mais on considère
comme repoussées toutes les propositions de revision qui ren-
contreraient au Bundesrath 14 votes contraires. En outre, les dispositions constitutionnelles qui établissent des droits spéciaux en
faveur de quelques Etats vis-à-vis de l'ensemble de l'Empire ne
peuvent être modifiés sans le consentement des Etats eux-mêmes.

On peut également, dans ce second groupe, faire rentrer quelques Constitutions européennes comme celles d'Autriche, de
Prusse, Bavière, Saxe, Wurtemberg, Suède, etc...., et Américaines
comme celle du Mexique, de la Colombie, du Brézil et du Chili.

qu'il convient, en même temps que l'Angleterre[1], de mettre l'Espagne.

La Constitution espagnole de 1876 ne contient .aucune disposition explicite établissant de quelle façon s'effectuera sa revision.

Comment expliquer dans la Constitution de 1876 ce défaut d'indication d'une procédure spéciale pour la revision de la Constitution ?

La Constitution actuelle, en ne consacrant aucune disposition à la revision de la Constitution, semble avoir obéi aux principes du doctrinarisme[2]. Cette Cons-

(1) La Constitution anglaise, qui, on le sait, ne date pas d'une époque déterminée, mais est le produit de l'histoire, n'établit aucune distinction entre les lois constitutionnelles et les lois organiques. Les réformes politiques les plus radicales ont été l'œuvre des Parlements réunis sans solennité ni procédure spéciales, et sans qu'il eût été expressément déclaré qu'il s'agissait de réformer la Constitution.

(2) V. p. 62, la définition du doctrinarisme. Conséquences immédiates de la théorie doctrinaire quant au point qui nous intéresse : 1o Il y a dans tout Etat un élément permanent et irréformable dans lequel réside la souveraineté (le roi et la représentation nationale), dans cet élément résidant ce que l'on appelle la *Constitution interne*. Il y a, en outre, un autre élément variable et dans la dépendance du détenteur de la souveraineté, c'est la *Constitution externe et écrite*.

2o En vertu de cette distinction fondamentale, on déclare qu'il y a dans l'Etat quelque chose qui constitue la base indiscutable du régime sous lequel il vit (le roi souverain et la volonté nationale qui participe à la souveraineté). Aussi, si au sein de la société se formait une opinion qui prétendît apporter des changements aux fondements les plus profonds de la *Constitution interne*, c'est-à-dire à la monarchie et à la représentation nationale en tant que celle-ci exerce une part de la souveraineté, une telle opinion ne pourrait se fortifier qu'en dehors de toute légalité, ses partisans formeraient des partis constitués contre la loi, et pour la revision complète de la Constitution un mouvement révolutionnaire serait alors nécessaire. — Posada, *op.cit.*, p. 116.

titution de 1876, écrite, *externe*, suppose déjà une Constitution *interne* fondamentale, dont les éléments sont la monarchie irresponsable et indestructible et la représentation nationale. De cette doctrine, on peut inférer que la Constitution *externe*, celle qui est écrite et contenue dans un document sanctionné et promulgué en 1876, doit pouvoir être revisée.

Mais on pourra faire alors la remarque suivante : la Constitution, d'une part, est muette sur la question de revision ; d'autre part, l'article 23 de la Constitution porte : *les conditions d'éligibilité pour l'élection au Sénat pourront être modifiées par une loi;* dès lors, ne serait-on pas fondé à soutenir que les autres dispositions constitutionnelles ne pourront être modifiées au moyen d'une loi ?

Dans ces conditions, ou bien il faut déclarer que la Constitution écrite est irréformable, ou bien supposer qu'elle est incomplète ou que les législateurs espagnols en rédigeant l'article 23 firent preuve vraiment de beaucoup de légèreté ¹. En réalité, bien que cela paraisse très étonnant, il y a un peu de tout cela. En fait, les législateurs de 1876 durent estimer que les Constitutions ne doivent pas être revisées, ou du moins qu'elles ne doivent l'être que très difficilement, et cela explique qu'ils n'aient pas complété

---

(1) Un homme d'Etat espagnol, et de ceux qui ne prirent pas la moindre part à la rédaction de la Constitution, aurait déclaré que l'absence d'indication d'une procédure spéciale de revision était le résultat.... d'un oubli !

leur œuvre en établissant une procédure de revision. En précisant celle-ci, ils craignaient d'exciter par là les tendances réformistes; au fond, pourtant, il y eut bien dans leur esprit l'intention d'indiquer une procédure de revision, et ce qui le prouve c'est l'article 23, déjà cité, qui permet de modifier *par une loi* les conditions d'éligibilité pour l'élection des sénateurs.

Mais à considérer la Constitution écrite, telle qu'elle est actuellement, peut-on soutenir que, par le seul fait qu'elle nè prévoit pas une procédure spéciale de revision, elle ne soit pas sujette à revision. Il convient, croyons-nous, de répondre par la négative.

Etant donné les principes doctrinaires dont s'est inspirée la Constitution actuelle, principes qui depuis les années de la Régence se sont encore atténués, on doit en tirer cette conséquence qu'on peut réformer la Constitution de la même manière qu'on la fit; c'est-à-dire que la revision pourrait résulter d'un vote des Cortès, sanctionné par la Couronne. On a tout lieu de supposer que si la Constitution de 1876 avait établi une procédure de revision, elle en aurait décidé ainsi. Peut-être aurait-elle exigé la réunion de Cortès élues spécialement en vue de la revision de la Constitution, mais elle eût, sans aucun doute, exigé pour la revision la sanction royale.

Nous concluons en disant qu'on pourrait procéder à la revision de la Constitution espagnole au moyen de lois, étendant ainsi la disposition de l'article 23;

mais nous insistons encore sur ce fait que, nulle part, la Constitution de 1876 n'indique en termes exprès qu'une telle procédure devra être employée pour sa revision.

CHAPITRE III

Le Régime parlementaire en Espagne

On n'ignore pas que le gouvernement parlementaire, par son jeu complexe et délicat, échappe dans une large mesure à une réglementation légale, et vit surtout d'usages, de traditions, de conventions communément acceptées ; néanmoins, sauf en Angleterre, le gouvernement parlementaire voit ses principes essentiels inscrits dans les Constitutions des divers pays.

C'est ainsi que, du texte de la Constitution de 1876, il résulte bien que celle-ci a voulu établir en Espagne une Monarchie parlementaire, et faire de celle-ci, comme en Angleterre, une forme de gouvernement dans laquelle il, y a un souverain qui règne sur un peuple qui se gouverne lui-même, et des ministres chargés d'exécuter au nom de la Couronne la volonté du pays exprimée par le Parlement [1].

La Constitution de 1876 attribue, en effet, la fonction exécutive au chef de l'Etat ; c'est au nom du roi et par son ordre que se font tous les actes qui sont

(1) V. Franqueville. — Le gouvernement et le Parlement britanniques, Paris 1887.

la manifestation du pouvoir exécutif ; mais les plus importants de ces actes doivent être préalablement délibérés et décidés par les ministres statuant en corps et en conseil délibérant, ce conseil étant sup_posé exprimer la volonté de la majorité du Parlement devant lequel il est responsable. Quant à la fonction législative, elle appartient principalement au Parlement qui doit être l'expression de l'opinion publique. Enfin, cette Constitution, par les prérogatives qu'elle lui accorde, fait apparaître le roi comme l'élément modérateur des partis et l'investit du pouvoir de dissolution, garantie presque nécessaire, dans un gouvernement parlementaire, d'une suffisante séparation des pouvoirs.

Nous montrerons comment ces traits essentiels de tout gouvernement parlementaire se trouvent dans le texte de la Constitution de 1876, en étudiant tour à tour dans cet acte l'organisation des fonctions exécutive et législative et nous examinerons ensuite, dans la critique du régime parlementaire espagnol, comment dans la pratique fonctionne ce régime qui ne traduit nulle part en réalités les aspirations manifestées par les législateurs de 1876.

SECTION I

Le Roi et les Ministres dans la Constitution de 1876.

Le chef du pouvoir exécutif est le roi, qui appartient à la dynastie des Bourbons et qui descend de Ferdinand VII par la ligne féminine.

La Constitution reconnaît comme roi Don Alphonse XII [1] et fixe la succession au trône d'Espagne selon l'ordre régulier de primogéniture et par représentation, la ligne antérieure étant toujours préférée aux lignes postérieures ; dans la même ligne, le degré le plus proche au degré le plus éloigné, dans le même degré l'homme à la femme et à égalité de sexe, la personne la plus âgée à celle qui l'est le moins (art. 60). Au contraire de la Constitution allemande et tout comme la Constitution anglaise, l'acte de 1876 admet donc les femmes à régner.

La personne du roi est sacrée et inviolable (art. 48) ; le souverain est donc irresponsable devant les Chambres. C'est là une différence caractéristique entre le monarque espagnol et le Président des Républiques française et américaine [2].

Le roi a le devoir de faire exécuter les lois et son autorité s'étend à tout ce qui est considéré par la Constitution et les lois comme touchant à la conser-

(1) Art. 59 de la Constit. — Le roi actuel est S. M. Alphonse XIII proclamé roi le 17 mai 1902.

(2) Le Président de la République française qui, par les pouvoirs qui lui sont attribués, ressemble assez à un monarque constitutionnel, est responsable des délits de haute trahison (Loi constit. du 25 février 1875, art. 6e), il est mis en accusation par la Chambre des députés et jugé par le Sénat (Loi constit. du 16 juillet 1875, art. 12). Quant au Président des Etats-Unis, il est responsable comme tous les fonctionnaires civils qui, suivant la Constitution, seront destitués de leurs fonctions, si, à la suite d'une accusation portée devant le Sénat, ils sont convaincus de trahison, de concussion ou d'autres délits (Constit. art. 2, sec. 4°).

vation de l'ordre public à l'intérieur et à la sécurité de l'Etat à l'extérieur (art. 50). Il a le commandement suprême et la disposition des forces de terre et de mer (art. 52) ; il confère les grades, avancements et récompenses militaires conformément à la loi (art. 53).

Il appartient encore au roi: 1° d'édicter les décrets, règlements et instructions nécessaires pour l'exécution des lois; 2° de veiller à ce que, dans tout le royaume, la justice soit rendue de façon prompte et équitable ; 3° de gracier les coupables en se conformant aux lois [1] ; 4° de déclarer la guerre, de faire et ratifier la paix à charge de fournir ensuite aux Cortès les explications et documents nécessaires ; 5° de diriger les relations diplomatiques et commerciales avec les nations étrangères ; 6° de présider à la fabrication des monnaies ; 7° d'ordonner l'emploi des fonds attribués par la loi du budget à chacune des branches de l'administration ; 8° de conférer les emplois civils, et d'accorder tous honneurs et distinctions en se conformant aux lois ; 9° de nommer et de révoquer librement les ministres (art. 54).

Le roi doit être nécessairement autorisé par une loi spéciale : 1° pour aliéner, céder ou changer une portion quelconque du territoire espagnol ; 2° pour

---

(1) Les dispositions en vigueur concernant le droit de grâce sont la loi du 18 juin 1890 et les art. 157 à 166 du règlement sur la procédure administrative concernant le ministère de la justice, rendu le 17 avril 1890.

incorporer un territoire étranger au territoire espagnol ; 3° pour admettre des troupes étrangères dans
le royaume ; 4° pour ratifier les traités d'alliance offen-
sive, les traités spéciaux de commerce, les traités
qui stipulent des subsides en faveur d'une puissance
étrangère, et tous ceux qui peuvent obliger individuellement des Espagnols. Dans aucun cas, les articles secrets d'un traité ne pourront déroger aux articles publiés de ce même traité ; 5° pour abdiquer la
Couronne en faveur de son successeur (art. 55).

Le roi, avant de contracter mariage, devra en
donner connaissance aux Cortès qui donneront, par
une loi spéciale, leur approbation au contrat et aux
conventions matrimoniales. Les mêmes formalités
seront observées lorsqu'il s'agira du successeur
immédiat de la Couronne. Ni le roi, ni le successeur
immédiat de la Couronne ne pourront contracter
mariage avec une personne que la loi exclut de la
succession à la Couronne (art. 56).

La dotation du roi et de sa famille sera fixée par
les Cortès au commencement de chaque règne[1].

On voit, en somme, que les pouvoirs conférés par
la Constitution de 1876 au monarque espagnol considéré comme dépositaire du Pouvoir exécutif ne dif-
fèrent guère des prérogatives que les Constitutions
de l'Angleterre, de l'Allemagne, de la France et des

---

(1) Dans la dernière loi du budget, la liste civile atteignait
9,250,000 pesetas.

Etats-Unis confient respectivement, dans ces nations,
au chef de l'Etat [1].

A côté du souverain, les ministres (nommés par
le roi, art. 54-9°) exercent en fait la plupart des fonctions attribuées au chef de l'Etat [2].

Il y a actuellement en Espagne, outre le président
du Conseil sans portefeuille (par suite de la suppression du ministère des colonies « Ultramar », le
25 avril 1899, et de la division en deux autres ministères du ministère du bien public, le 18 avril 1900),
huit ministres à portefeuille : les ministres des affaires étrangères (de Estado), de la justice (Gracia y
Justicia), de la guerre, de la marine, des finances
(Hacienda), de l'intérieur (Gobernacion), de l'instruction publique et des beaux-arts, et de l'agriculture, industrie, commerce et travaux publics (fomento).

En Espagne, comme en Angleterre et en France,
les ministres prennent une grande importance à raison de leur responsabilité devant les Chambres pour
les actes du pouvoir exécutif. Aucun ordre du roi

(1) Dans les cinq pays, le chef du Pouvoir exécutif est investi
de la direction des relations diplomatiques, du commandement
des forces de terre et de mer, du soin d'assurer la sécurité personnelle, de veiller à l'exécution des lois, de nommer aux emplois
publics, et possède un pouvoir d'intervention plus ou moins grand
en matière législative.

(2) Il en est de même en Angleterre et en France. Les ministres *aident* seulement le chef de l'Etat à s'acquitter de ses fonctions aux Etats-Unis et en Allemagne avec le chancelier.

ne peut ressortir à cet effet, s'il n'est contresigné par un ministre qui, à raison de ce fait, devient responsable (art. 49). La réunion des ministres constitue un organe ayant unité de vues, de direction et une responsabilité collective, qui prend le nom, comme en France, de Conseil des ministres et correspond au cabinet anglais. Les ministres ont dans les relations et la vie des pouvoirs de l'Etat une très grande influence, parce qu'ils occupent une position intermédiaire entre le chef de l'Etat et le Parlement, dépendant des deux, et reproduisant dans leur composition les courants dominant dans les Chambres, plus spécialement dans la Chambre populaire. En somme, le ministère constitue en Espagne, ainsi qu'en France et qu'en Angleterre, un pouvoir à part et distinct de celui qui appartient au chef de l'Etat [1].

Les ministres suivant la Constitution de 1876 prennent part aux débats dans les deux Chambres, et celles-ci peuvent mettre en cause la responsabilité ministérielle dont parle l'article 49 au moyen des

---

(1) Cette distinction ne pourrait être faite en la même forme en Allemagne et moins encore aux Etats-Unis. En Allemagne, parce que le chancelier est un fonctionnaire qui siège au Parlement comme membre du Bundesrath et dépend exclusivement de l'empereur qui est réellement et personnellement chef du pouvoir exécutif; aux Etats-Unis, parce que le président de la République est chef effectif du pouvoir exécutif et responsable de tous ses actes, les ministres n'étant que de véritables secrétaires d'Etat qui lui sont subordonnés et n'ont pas à répondre de leur gestion devant les Chambres.

7

demandes et interpellations *preguntas y interpela-ciones.*

En Espagne, donc, comme en Angleterre et en France, le ministère étant l'œuvre, en collaboration du Parlement et du chef de l'Etat, et devant être l'expression de la majorité parlementaire, le Parlement acquiert une importance toute particulière qui engendre le régime parlementaire ; les Chambres ayant, outre le droit de légiférer et de surveiller la marche du gouvernement, le pouvoir d'exiger un compte étroit des actes du ministère, ou des actes individuels de chaque ministre, demandant, quand elles le jugent nécessaire, que la question de confiance soit posée et pouvant même, si elles le croient opportun, demander la responsabilité d'ordre politique et judiciaire des ministres en les mettant en accusation[1]. Aux Etats-Unis, au contraire, où les ministres ne peuvent participer aux débats des assemblées, celles-ci sont réduites au rôle de simples assemblées législatives.

Le pouvoir exécutif tient, de la Constitution de 1876, le droit de participer à la fonction législative *indirectement* ou *directement.*

Sa participation indirecte consiste dans le pouvoir qu'a le roi d'influer de diverses façons sur la vie

___

[1] « Les ministres sont justifiables, suivant les cas, du Sénat constitué en Haute-Cour de justice, ou du tribunal suprême siégeant toutes chambres réunies » (art. 45, Constit. 1876).

propre des assemblées législatives. Il appartient au roi de convoquer les Cortès, d'ouvrir, de suspendre et de clôturer leurs sessions, de dissoudre simultanément la partie élective du Sénat et le Congrès des députés, avec la nécessité, dans ce cas, de convoquer et de réunir le ou les corps dissous dans un délai de trois mois (art. 32). Le roi ouvre et ferme les Cortès en personne ou par l'intermédiaire de ses ministres (art. 37). Les Cortès devront être immédiatement convoquées quand la Couronne sera vacante, ou quand le roi sera dans l'impossibilité de gouverner (art. 33).

Le roi participe directement à la fonction législative d'abord, en ce qu'il a, comme les Cortès, l'initiative des lois (art. 41), initiative qu'il exerce par l'intermédiaire de ses ministres [1] ; en outre il sanctionne et promulgue les lois (art. 51). Son veto est absolu comme celui du monarque anglais [2]. S'il refuse de

(1) En donnant au pouvoir royal cette prérogative, la Constitution espagnole de 1876 a copié exactement le droit coutumier anglais. L'initiative des lois appartient également au président de la République française (loi du 25 février 1875, art. 3) et la Constitution des Etats-Unis l'attribue aussi au président qui l'exerce au moyen de messages (Constit. art. 2, sec. 3a, 1a).

(2) La loi constit. du 16 juillet 1875, art. 7, paraît attribuer au président de la République française un veto qui aurait un caractère simplement suspensif. En effet, le président doit en règle ordinaire promulguer la loi dans le mois qui suit la transmission au gouvernement de la loi votée, ou dans les trois jours si la loi a été déclarée urgente dans les deux Chambres ; mais il faut tenir compte que durant ce temps, le président peut demander aux deux Chambres une nouvelle délibération à laquelle elles ne pourront se refuser ; le président n'a jamais usé, d'ailleurs, de

sanctionner un projet de loi adopté par les Cortès,
aucune proposition ayant le même objet ne pourra
être présentée à nouveau dans la même session
(art. 44).

Le roi prend, par conséquent, une part importante à la fonction législative, tant d'une façon personnelle qu'au moyen de ses ministres. Cette intervention du Chef de l'Etat au moyen de ses ministres,
se produit absolument de la même façon en Espagne
qu'en France. En France, les ministres ont une existence réglée expressément par la Constitution : ils
sont responsables solidairement devant les Chambres

ce droit. La Constitution des Etats-Unis dispose que tout bill
devra, pour passer à l'état de loi, être présenté au président ; au
cas où il ne serait pas approuvé par ce dernier, il sera renvoyé,
avec les observations du président, à la Chambre où il a été tout
d'abord voté ; cette Chambre procèdera à un nouvel examen et si
les deux tiers de ses membres maintiennent le résultat du premier
vote, le bill sera transmis à l'autre Chambre qui l'examinera à son
tour ; s'il y obtient à nouveau l'approbation des deux tiers des
membres, le bill est converti définitivement en une loi (Constit.
art. 1, sec. 7a, art. 2 et 3). Le veto a aux Etats-Unis une réelle
importance dans la pratique où la séparation est complète entre
les fonctions imparties aux assemblées et celles qu'exerce le président ; ce dernier n'ayant pas le droit de dissolution, le veto suspensif est un des moyens par lesquels il peut exercer une action
sur la vie des Chambres.

Quant à l'empereur d'Allemagne, il semblerait, d'après la Constitution, n'avoir ni initiative législative ni veto ; en pratique, il
jouit des deux. Il jouit de l'initiative parlementaire parce que,
comme roi de Prusse, il a au Bundesrath des représentants qui
possèdent cette prérogative, et il a, en réalité, le veto, parce que,
outre l'action qu'il a sur le Conseil fédéral, le nombre de voix
qu'y possède la Prusse est suffisant pour maintenir le statu-quo
constitutionnel. (M. Laband, commentant la Constit. de 1871,
soutient que l'empereur possède en réalité un veto absolu).

de la politique générale du gouvernement et individuellement de léurs actes personnels (loi constitutionnelle du 25 février 1875, art. 6) ; ils siègent au
Parlement en qualité de ministres, y prennent, au
nom du chef de l'Etat, l'initiative en matière législative et représentent dans l'élaboration des lois l'opinion du gouvernement. Leur initiative se manifeste
sous la forme de projets de loi, alors que l'initiative
parlementaire se manifeste sous la forme de propositions. Il en est de même en Espagne : Les ministres
tirent leur origine de la Constitution qui établit qu'ils
sont nommés par le roi et responsables de ses actes
(art. 49), et l'articlé 58 ajoute qu'ils peuvent être
sénateurs ou députés (sans être soumis à réélection)
et prendre part aux discussions des deux Chambres,
ayant droit de vote seulement dans la Chambre à
laquelle ils appartiennent [1].

(1) En France comme en Espagne, les ministres peuvent participer aux débats dans les deux Chambres, et ils ne sont pas, du
fait qu'ils deviennent ministres, soumis à réélection.
En Angleterre, au contraire, les ministres ont le droit de siéger
seulement à la Chambre dont ils faisaient partie, et n'y prennent
la parole qu'en qualité de membres de cette Chambre, les membres
de la Chambre des Communes qui font partie du cabinet étant,
d'autre part, soumis à réélection. Mais, en réalité, les ministres,
en tant que membres du cabinet, inspirent l'œuvre législative ; ce
sont eux qui sont responsables de la politique du gouvernement.
En Allemagne, à l'opposé de ce que nous constatons en Angleterre, en France et en Espagne, le chef de l'Etat n'intervient pas
dans l'élaboration des lois au moyen de ministres, mais grâce au
mécanisme constitutionnel. En premier lieu, l'empereur est représenté dans le Bundesrath comme roi de Prusse et nomme le chancelier qui le préside (Constit., art. 14). En outre, le chancelier

SECTION II.

Les Cortès.

§ 1ᵉʳ. — *Les Cortès sous l'ancienne Monarchie espagnole*.

Avant d'étudier l'organisation des actuelles Cortès et les pouvoirs que la Constitution de 1876 leur a attribués, nous croyons devoir consacrer quelques développements à la situation faite aux Cortès dans l'ancienne monarchie espagnole. Cette étude préliminaire pour laquelle nous avons principalement eu recours à l'ouvrage du célèbre historien Marina « Teoria de las Cortès » nous permettra de trouver dans les pratiques traditionnelles de l'ancienne monar-

---

siège au Reichstag (Constit., art. 9) comme membre du conseil fédéral : De cette façon, sans que pour cela le régime parlementaire existe avec toutes ses conséquences politiques, l'empereur allemand exerce une influence constante, au moyen de ses représentants membres du Bundesrath, sur la vie des Assemblées législatives.

Aux Etats-Unis, le chef de l'Etat n'a plus le même pouvoir d'intervention dans la vie ordinaire des Assemblées législatives. Les ministres ne peuvent assister aux discussions de celles-ci, non que la loi le défende expressément, mais en vertu d'un usage constant : Ce sont de simples secrétaires du président qui communiquent avec les Chambres par écrit et par les moyens que conseillent les circonstances, mais toujours en dehors des sessions. (V. Chambrun : Le pouvoir exécutif aux Etats-Unis. Paris 1876. — Laveleye : Le gouvernement de la démocratie, t. II, L. X, Ch. III, Paris. 1891. — Dupriez : Les ministres dans les principaux pays d'Europe et d'Amérique, p. 42 et 118. Paris 1893).

chie les germes d'institutions actuelles, germes grâce
auxquels les constituants de Cadix pouvaient attribuer à leur œuvre le caractère d'une simple restauration des traditions du passé; en outre, il nous sera
possible, au cours de cet exposé, de mieux dégager
les conséquences qu'eut pour l'Espagne l'avènement
des princes de la Maison d'Autriche, au gouvernement desquels est en grande partie imputable cette
indifférence générale de la nation espagnole à l'égard
des questions politiques les plus importantes, et aussi
cette corruption des habitudes politiques dont l'Espagne montre aujourdhui encore les funestes atteintes.

CONVOCATION ET LIEU DE RÉUNION DES CORTÈS.

Dans les sept premiers siècles de la monarchie
espagnole, il n'exista point de représentation nationale, si l'on entend par représentation nationale la
réunion des différentes personnes élues par la nation
pour prendre, en son nom, la parole dans les assemblées. Mais, en vertu d'une convocation royale, tous
les évêques du royaume usant des droits qui leur
étaient attribués par les canons, se rendaient aux
conciles généraux, qui se tenaient à la Cour à des
époques déterminées; les grands du royaume, ainsi
que les hommes les plus distingués par leur mérite
et par le poste qu'ils occupaient, assistaient également à ces conciles après, toutefois, y avoir été appelés par une lettre de convocation du monarque.

Dans les royaumes de Castille et de Léon, ces pratiques furent rigoureusement observées jusqu'au milieu du douzième siècle : pendant cette période de l'histoire de l'Espagne, qui embrasse plus de quatre siècles, jamais, en effet, les anciennes chroniques où l'on traite des Cortès ne font mention du peuple, mais seulement des prélats, des grands et des barons du royaume [1].

A la fin du douzième siècle, comme l'établissent les documents fournis par Marina, le peuple commença à avoir voix délibérative dans les Cortès, auxquelles toutes les villes et communes considérables du royaume envoyèrent désormais un certain nombre de représentants ; les rois établirent à cette époque une véritable représentation nationale, et les ordres ecclésiastiques et militaires dont la puissance avait fini par devenir un véritable danger ne prirent plus qu'une part peu importante dans les délibérations des Cortès.

La rareté des documents et le peu de soin que les chronologistes ont pris de déterminer les périodes fixées par les anciennes lois pour l'assemblée des Etats, empêchent d'affirmer qu'il y eût dans la monarchie espagnole un règlement fixant la convocation des Cortès à des époques bien établies.

Mais la coutume, qui supplée souvent à l'insuffisance de la loi, obligeait les rois de Castille à convo-

(1) Ceux-là seulement concoururent aux Cortès que Ferdinand II convoqua à Salamanque en 1178. Marina, Teoria de las Cortès. 2ᵉ partie. L. 1, p. 16.

quer les Cortès générales dans certains cas. Ainsi les
Cortès devaient être convoquées lors de la mort du
monarque régnant pour que les Etats reconnussent
le nouveau roi, son successeur, et que celui-ci jurât
d'observer les lois de la patrie et de conserver les
droits et libertés des peuples. Les rois convoquaient
ces assemblées pour lever les doutes et résoudre les
difficultés qui pouvaient s'offrir sur la succession et
l'administration du royaume, et pour nommer des
tuteurs à l'héritier du trône lorsque ce prince n'avait
pas quatorze ans révolus. On appelait encore les Cortès lorsque le roi mourait sans avoir fait de testament, pour nommer un Conseil de régence, si le
prince reconnu pour héritier, à la suite d'un empêchement moral, physique ou légal, se trouvait hors
d'état d'exercer les fonctions de la suprême magistra-
ture. Parfois aussi elles étaient convoquées pour délibérer sur la guerre ou sur la paix, et pour ratifier
les traités d'alliance qu'il avait paru convenable de
faire avec les puissances voisines ; ou bien on leur
soumettait les conditions des mariages des princes,
et les avantages qu'ils offraient pour l'Etat. Lorsque
les rois se proposaient d'abdiquer ou de renoncer à
la couronne, l'usage voulait qu'on prît l'avis des Cortès, celles-ci examinaient les conditions et les motifs
de la renonciation, l'acceptaient si elle ne préjudiciait
pas à la chose publique, ou l'empêchaient si elle était
contraire au droit de celui que la loi appelait à la
succession au trône. Il fallait de même consulter les

Cortès lorsqu'il s'agissait de proroger, avec le consentement de la nation, les gabelles et les contributions accordées temporairement, et d'accorder au roi de nouveaux subsides, lorsque les fonds de la dotation de la couronne ne suffisaient pas à ses besoins.

Les Castillans rappelèrent souvent énergiquement aux princes qui négligeaient de se conformer au vœu de la loi, l'obligation qu'ils avaient de les convoquer en Cortès [1].

Si on examine quels étaient les lieux ordinaires de réunion des Cortès, on constate que les rois de Castille et de Léon jouirent dans tous les temps de la faculté de désigner pour la réunion des Cortès, telle ville ou tel bourg qui leur plaisait, parce que ni la coutume ni la loi n'avaient limité ce privilège, ni indiqué une contrée particulière où dussent se réunir les assemblées nationales. Il en était autrement dans l'Aragon où les princes étaient obligés chaque année d'assembler les Etats généraux dans la ville de Saragosse. En Castille, la loi voulait que les assemblées nationales fussent convoquées précisément dans le lieu où se trouverait alors le roi et sa cour ou les tuteurs et régents dans les cas de minorité, d'absence

---

(1) C'est ainsi que dans les Cortès tenues à Ocagna, en 1469, les représentants de la nation adressèrent à Henri VI le reproche suivant : « Selon les lois du royaume, quand les rois ont à faire quelque chose de grande importance, ils ne doivent pas le faire sans le conseil et à l'insu des villes et communes; ce que Votre Altesse n'a pas observé en cela. » Marina. *Op. cit.*, 2e partie. L. II, p. 85.

ou autre empêchement légal de la part du monarque; ce fut là sans doute la cause du nom de Cortès que l'on donna à ces Congrès généraux '. Il convient d'ajouter que les princes, consultant aussi bien l'intérêt public que leur commodité particulière, eurent toujours soin de choisir, autant que cela était compatible avec les besoins d'une Cour sans cesse errante, des villes centrales où les représentants de la nation pouvaient se réunir avec moins de frais.

ÉLECTION DES DÉPUTÉS.

Dans les premiers temps des anciennes Cortès, tous les chefs de famille sans exception concouraient à l'élection des députés après s'être engagés par serment devant le gouverneur ou le président de la province à n'élire que ceux qu'ils jugeaient réellement les plus dignes et les plus capables ; mais, dit Marina, quelque favorable que fût cette institution à la liberté des citoyens, elle occasionna tant de dissensions dans le peuple et tant de haines particulières, qu'on crut indispensable, vers le milieu du quatorzième siècle, de créer une loi qui confiât exclusivement aux conseils des communes le droit d'élire les députés aux Cortès. Cette réforme fut le premier coup porté à la

---

(2) Dans les Cortès qui furent tenues en 1318 à Medina del Campo, il fut déclaré : « Lorsque les députés seront appelés en Cortès par ordre du roi notre seigneur, ce sera toujours dans le lieu de sa résidence. »

liberté publique ; il était en effet à craindre désormais
que les trésors, les emplois, les honneurs, les promesses et les menaces ne fussent, pour les rois et
leurs conseillers, autant de moyens de pression sur
le corps électoral sollicité ainsi de nommer des députés vendus d'avance au gouvernement. Les abus qu'il
y avait lieu de redouter ne se produisirent que trop,
à tel point qu'on décida en Castille de procéder à
l'élection des députés par la voie du sort ; il est vrai
que les membres des conseils municipaux étaient les
seuls à jouir de la prérogative de l'éligibilité, mais,
ils en jouissaient tous et le sort pouvait désigner
aussi bien les citoyens éclairés et vertueux entrant
dans la composition du conseil, que le moins intelligent et le plus inapte à discuter sur les véritables
intérêts de l'Etat.

C'est surtout sous le gouvernement de la reine
Jeanne et de son fils Charles-Quint, que la sincérité
des élections subit les plus rudes assauts. Les ministres flamands du souverain mirent tout en œuvre
pour corrompre les conseils municipaux et engager
les électeurs à nommer des députés gagnés d'avance
au souverain et disposés à accéder à toutes ses
demandes. Tantôt ils suspendirent l'exercice du pouvoir municipal, tantôt ils remplacèrent par leurs
créatures les administrateurs des communes ; d'autres fois ils créèrent des survivances d'emplois ou
augmentèrent hors de propos le nombre des fonctionnaires publics et ils ne se firent pas faute d'ache-

ter presque publiquement les votes des représentants
de la nation, par des promesses de pensions, d'honneurs ou de dignités. Les abus se multiplièrent à un
tel point que les fonctions de membres des conseils
municipaux et même celles de députés aux grandes
assemblées du royaume, furent peu à peu occupées
par des hommes vendus aux ministres du roi, appartenant souvent aux dernières classes de la société et
sans aucune considération personnelle ; la probité des
corps électoraux ne pouvait que sombrer à la longue
sous de tels procédés de gouvernement.

NOMBRE DES DÉPUTÉS

Le nombre des députés aux Cortès a considérablement varié suivant les époques. Il s'élevait, dit
Marina, à 192 dans les Cortès de Burgos en 1310,
nombre énorme si l'on considère que la péninsule
était alors divisée en une infinité de puissances sépa-
rées du royaume, dont la Castille formait à peine la
sixième partie. La représentation nationale se conserva dans toute son intégrité jusqu'au commencement du quinzième siècle, et tous les corps municipaux, même lorsque des empêchements légitimes ne
leur permirent pas d'envoyer leurs députés aux
Cortès, n'en conservèrent pas moins pour cela le
droit d'y être appelés et d'y concourir jusqu'à la mort
du roi Henri III en 1406. Mais par la suite, avec l'absolutisme croissant des rois, sous les règnes de

Jean II et de Henri IV, le droit d'être représentées
dans les assemblées nationales fut restreint à un
certain nombre de villes et de communes ; les actes
des Cortès convoquées à Valladolid en 1442, 1447 et
1451, et celles de Burgos en 1453, et de Salamanque
en 1465, ne laissent aucun doute à cet égard.

Certains rois en arrachant à des corps municipaux :
des propriétés, des villages, des hameaux, les dépouil-
lèrent ainsi des moyens de faire respecter leur autorité et de subvenir aux frais qu'exigeait l'entretien
des députés qu'ils auraient pu envoyer aux Cortès.
Beaucoup d'autres villes et bourgs perdirent le droit
d'élire des députés, pour avoir été détachés par alié-
nations ou donations, du domaine de la couronne,
parce que les grands en faveur desquels ces donations illégales avaient été faites profitèrent de cette
occasion pour priver les communes de leurs juridictions, de leur autorité et en général de tous leurs
privilèges [1]. — Si on ajoute que beaucoup d'autres
communes cessèrent d'envoyer des représentants
aux Cortès, parce que l'état de désordre où se trouvaient parfois certaines provinces à la suite de plusieurs règnes malheureux ne permettait guère d'en-

(1) On peut citer notamment la ville de Plaisance, qui ayant été
aliénée en 1442 du domaine de la couronne par le roi Jean II, en
faveur de don Pèdre de Zuniga, comte de Ledesma, perdit, à la
suite de cette aliénation, le droit qu'elle possédait depuis des siècles d'envoyer des députés aux Cortès. — Marina, *op. cit.* 2e
partie. Livre IV, p. 281.

treprendre des voyages un peu longs sans courir le
risque de tomber entre les mains des brigands dont
les chemins étaient infestés, on ne trouvera pas
extraordinaire que la représentation nationale se soit
trouvée réduite, à un moment donné, à un si petit
nombre de communes, que suivant Pulgar [1], dans les
Cortès tenues à Tolède en 1480, il ne se trouva que
dix-sept villes ou bourgs représentés par leurs députés respectifs. La représentation nationale avait pour
ainsi dire reflué vers certaines villes qui virent de ce
chef, leur puissance s'accroître considérablement car
leurs représentants aux Cortès parlaient désormais
non seulement en leur nom, mais encore au nom de
beaucoup d'autres villes et communes qui se trouvaient dans leur district. Désireuses d'affirmer de
plus en plus leur prépondérance, ces villes privilégiées
s'efforcèrent par tous les moyens d'étouffer les réclamations des villes sacrifiées qui voulaient recouvrir
leurs anciennes prérogatives, aussi la représentation
nationale se vit-elle réduite dans les derniers temps, à
n'être plus que l'ombre de ce qu'elle avait été dans les
siècles précédents.

CARACTÈRES GÉNÉRAUX DE LA FONCTION DE DÉPUTÉ

Après l'élection des députés, les conseils munici-

(1) Pulgar. *Histoire de Palencia*. L. III. Ch. 10. — Certains
auteurs, parlant du dernier état des Cortès, prétendent que le
nombre des votants avait été réduit à soixante-quatre ; mais Marina
taxe cette affirmation d'invraisemblance.

paux délibéraient sur la forme qu'ils devaient don
ner aux pouvoirs qui leur seraient conférés, non
seulement pour statuer sur la proposition principale
exprimée dans la lettre de convocation des Cortès,
mais encore pour soutenir les intérêts de leurs communes et prendre en considération tout ce qui serait
avantageux pour le bien public. En conséquence,
outre les instructions verbales que recevaient les
députés de leurs commettants, on leur remettait un
cahier de pétitions adressées au monarque en leur
recommandant de les appuyer dans l'intérêt de la
commune. Les devoirs des députés consistaient donc
non seulement à donner leurs soins à l'objet principal
des Cortès, mais encore à se conformer strictement
aux instructions particulières de leurs municipalités
respectives, à ne point outrepasser les limites de leurs
pouvoirs et, en cas de doute ou de partage d'opinions, à en référer à leurs commettants pour connaître leurs intentions. En un mot, les députés
n'étaient rien autre chose que des mandataires.

Les députés élus aux Cortès étaient inviolables.
L'antique Code des Partidas l'établissait déjà, et
cette disposition fut reproduite dans les Cortès de
Madrid, en 1329, sur la proposition des députés du
royaume. En vertu de ces actes, depuis l'instant où
les députés sortaient de leurs communes jusqu'à ce
qu'ils y retournassent après la clôture des Cortès, il
était défendu de les inquiéter en aucune manière et
même de diriger contre eux aucune demande en jus-

tice. L'émission libre et spontanée des votes des
députés fut toujours regardée comme si nécessaire à
la validité de leurs résolutions, que les actes qui
n'avaient point été faits librement pouvaient être
argués de nullité. La concession de l'impôt extraordinaire exigé par l'empereur Charles-Quint dans les
Cortès de la Corógne en 1520, fut ainsi frappée de
nullité, à cause des persécutions dont souffrirent les
députés que leur intégrité et leur patriotisme avaient
déterminés à refuser l'impôt ; plusieurs d'entre eux
furent en effet ignominieusement chassés des Cortès ; les députés de Tolède furent bannis et presque
tous les membres de l'assemblée ne votèrent que
séduits par des promesses ou effrayés par des
menaces. Cette violation manifeste de l'inviolabilité
des députés, ajoutée au mépris témoigné par Charles-
Quint pour toutes les autres prérogatives nationales,
provoqua la révolution des communautés, dont le
dernier épisode, la bataille de Villalar, marqua l'anéan-
tissement des anciennes libertés castillanes.

Il était interdit aux députés des Cortès de recevoir
aucune faveur ou gratification, soit des rois, soit des
ministres, pendant la durée de leurs fonctions. Les
députés n'avaient pas droit à une somme supérieure
à celle qui leur était strictement nécessaire pour subvenir aux frais de leur déplacement et de leur séjour.

Les pouvoirs qui avaient été conférés aux députés
et aux Cortès ne subsistaient pas au-delà de la durée
de chaque session. Sitôt terminé l'examen des affaires

8

qui avaient motivé la convocation des Cortès et sitôt celles-ci dissoutes, les pouvoirs des députés expiraient d'eux-mêmes. Il était donc nécessaire de les renouveler lorsqu'il était question de réunir de nouvelles Cortès, et rien ne s'opposait à la réélection des députés qui avaient déjà figuré à la session précédente.

PROCÉDURE SUIVIE POUR LA TENUE DES CORTÈS.

Arrivés à la Cour, les députés devaient soumettre les pouvoirs en vertu desquels ils étaient autorisés par leurs communes respectives à siéger dans les Cortès, soit au chancelier du sceau, soit au secrétaire des Cortès. On examinait alors la validité de ces pouvoirs et l'extension qui leur avait été donnée par les commettants, pour vérifier s'ils répondaient à l'objet qui avait motivé la convocation des Cortès. Après avoir rempli cette formalité, les députés devaient se présenter devant le Conseil pour y prêter serment de garder le secret sur tout ce qui serait agité dans les Cortès.

Au jour et à l'heure indiqués, le roi se rendait à la Chambre où se trouvaient réunis, en vertu de sa citation, tous les députés du royaume. A côté du roi prenaient séance aux Cortès les membres de la famille royale, les grands officiers de la Couronne, les ministres du Conseil et de la Chancellerie, des prélats, des notables, des chevaliers et lettrés, personnages qui,

pour la plupart, sont désignés, soit de façon générale, soit individuellement en tête des actes des
Cortès. Le monarque, après avoir pris place sur le
trône, faisait connaître les motifs pour lesquels il avait
convoqué les Cortès ; à la proposition du roi succédaient les discussions et enfin la réponse des Cortès.

Dans le dernier état des Cortès, les rois ne dési-
signèrent plus, pour prendre part aux Cortès, que le
président du conseil d'Etat et deux magistrats de cette
même Cour, l'un avec le titre d'assistant, et l'autre
avec celui de lettré, et dès le seizième siècle, les
princes, dédaignant de concourir aux travaux des
Cortès, ce furent ces ministres qui dirigèrent toutes
les affaires et représentèrent, dans les Cortès, les
intérêts de la Couronne. Mais à cette époque, la nation n'exerçant plus aucune influence sur les affaires
politiques de l'Etat, les votes, les discussions et les
réponses aux propositions de la Couronne cessèrent
d'être mis en usage ; on conserva seulement des anciens temps le cérémonial et la forme dans laquelle le
royaume assemblé en Cortès devait déclarer au monarque qu'il donnait son consentement à l'établissement des nouveaux subsides qu'on lui demandait,
car c'était là désormais l'unique motif de la convocation, consentement d'ailleurs sur lequel il était interdit de délibérer et qui était arraché pour ainsi dire
de force.

Après avoir terminé les affaires principales qui
avaient motivé la réunion des Cortès, les députés des

communes avaient le droit de proposer au prince par voie de conseil, de supplique ou de pétition, tout ce qui leur paraissait convenable pour réprimer les désordres publics, réformer les abus, et procurer le bien général des différentes classes de l'Etat. Les représentants de la nation réunis alors en comité secret conféraient entre eux, en se conformant aux instructions qui leur avaient été transmises par leurs communes respectives, et ils rédigeaient le cahier des pétitions générales, qui contenait les points les plus intéressants de l'économie politique et administrative du royaume.

Le cahier contenant le recueil des pétitions du royaume formait la partie essentielle des actes des Cortès et jusqu'au seizième siècle, les rois eurent toujours une grande considération pour les représentations qui s'y trouvaient consignées [1].

Une fois le cahier des pétitions générales dressé, les députés y joignaient avant de les présenter aux princes, les demandes particulières des villes et communes, des corporations et des classes de l'Etat. Quoique les droits de la nation, pour faire parvenir ses représentations au pied du trône fussent exprimés sous le titre modeste d'avis, de supplique ou de pétition, les rois ne pouvaient se dispenser de les

---

(1) C'est après avoir pris connaissance de la pétition qui leur fut adressée par les représentants de la nation assemblés à Madrigal en 1476, que les rois procédèrent à l'organisation de la Sainte-Hermandad. Marina, *op. cit.*, 2e partie, l. III, p. 256.

recevoir, ni refuser d'y répondre avant la dissolution des Cortès et après avoir pris l'avis de leur conseil. Jusqu'au commencement du règne de Charles-Quint, en 1518, les rois ne manquèrent jamais d'expédier immédiatement leurs réponses aux pétitions des états, les mettant ordinairement en marge ou à la fin des demandes.

Mais le gouvernement arbitraire introduit par la maison d'Autriche s'efforça par tous les moyens de paralyser l'action des Cortès. Aussi, quoique, au seizième et au dix-septième siècles, on eût continué à assembler les Cortès et que les députés des communes eussent conservé l'usage et le droit de présenter au gouvernement un cahier de pétitions générales pour proposer les mesures qu'ils croyaient avantageuses à l'Etat, ce privilège cessa néanmoins d'avoir aucune utilité parce que les rois ne manifestaient plus désormais le moindre égard pour ces propositions, et les cahiers de pétition au lieu d'être lus dans l'assemblée, en présence du monarque, pour être mis en délibération par le roi avant la dissolution des Cortès, étaient seulement présentés au Conseil sans qu'on s'y occupât de faire droit à leur contenu.

La vingt-huitième loi des Cortès, tenues à Valladolid en 1258, obligeait les monarques à jurer d'accomplir tout ce qui serait résolu dans les grandes assemblées nationales, et d'en ordonner l'exécution dans toute l'étendue de leurs domaines. En accom-

plissement de cette loi, les rois de Castille prêtaient
ce serment avant de rompre les assemblées, et c'était
la dernière formalité dont ils faisaient mention à
la fin du cahier des Cortès.

POUVOIRS DES CORTÈS

Il semble qne les Cortès aient constitué la seule
limitation sérieuse au pouvoir absolu qu'exerçait le
roi dans l'ancienne monarchie espagnole.

Nous avons déjà indiqué les divers cas dans
lesquels l'intervention des Cortès était nécessaire;
mais c'est surtout en matière législative que les
Cortès paraissent, dans l'ancienne monarchie espagnole, avoir été investies d'importantes attributions.
Certes, la nation espagnole ne se réserva pas le
pouvoir législatif de manière à interdire absolument
à ses rois la faculté d'intervenir dans l'élaboration
des lois ; mais, écrit Marina, « on peut prouver par
des faits successifs que, depuis l'origine de la monarchie jusqu'au temps de la dynastie autrichienne,
toutes les lois ont été faites dans les grandes assemblées du royaume, ou par les Cortès elles-mêmes,
ou par le roi, du consentement de la nation [1] ».
C'était celle-ci qui proposait la loi et en faisait
voir la nécessité, et il appartenait ensuite au monarque de la sanctionner. C'est ainsi que fut créé

(1) Marina. *Op. cit.*, t. I. 1re partie, l. V, p. 317.

le premier code législatif national, connu dans le moyen-âge sous le nom barbare de *Fuero-Juzgo* dans le vieux langage castillan'. Une preuve que le pouvoir législatif résidait essentiellement dans les Cortès est la peine que les députés édictèrent à la fin des lois contre ceux qui oseraient entreprendre de les violer, sans en exclure les personnes du plus haut rang et le monarque lui-même'. Alphonse X ayant voulu créer, sans la participation des états, une législation uniforme pour tout son royaume, et publié le célèbre code de loi de *las Partidas*, la nation rejeta ce code qui ne put être considéré comme national que lorsqu'il eut été sanctionné et promulgué dans les Cortès tenues à Alcala en 1548. Après avoir été sanctionnées et promulguées dans les Cortès, les lois étaient considérées comme inaltérables, et les rois n'avaient point le droit de les casser et de les révoquer sans le concours des représentants du royaume formés en Cortès. Tous les actes, toutes les cédules royales, toutes les ordonnances rendues contre la teneur des lois, publiés selon les formalités requises, étaient de nul effet.

---

(1) La rédaction de ce code fut entreprise sous le roi Recesvinte pour bannir du barreau les lois romaines et étrangères, réformer les anciennes, et établir un corps méthodique et régulier de législation. V. Marina, *op. cit.*, t. Ier, 1re partie, l. V, p. 317.

(2) *Qui igitur hanc nostram constitutiònem fregerit, rex, comes, vice-comes, mayorimes, sagio tam ecclesiastien quœm secularis ordo, sit excommunicatus........ et dignitate sua temporali sit privatus* V. Marina, *op. cit.* 1er partie, l. V. p. 318.

Les efforts que firent les rois, surtout au quinzième
siècle avec le roi Jean II, pour annihiler le pouvoir
législatif des Cortès, restèrent vains, jusqu'à l'avènement, au seizième siècle, des princes de la Maison
d'Autriche. Ces princes, ignorant les traditions des
peuples qu'ils étaient appelés à gouverner, violèrent
sans scrupule les lois et coutumes les plus respec-
tées, et s'arrogèrent complètement l'exercice du
pouvoir législatif, publiant arbitrairement des lois
pragmatiques et ordonnances.

De même disparurent, dans la suite, les autres
prérogatives dont les Cortès avaient joui jusqu'alors.
C'est ainsi que le gouvernement absolu, au lieu de
convoquer les Cortès pour les actes de proclamation
des rois. finit par se borner à faire remplir cette
cérémonie par les députés qui se trouvaient présents
à la résidence royale, et, dans les villes et bourgs du
royaume, par leurs municipalités respectives [1]. Après
la bataille de Villalar, qui assura le triomphe du despotisme sur l'Espagne soulevée, les germes de
liberté qui restaient à la nation représentée dans les
Cortès furent définitivement étouffés. L'Espagne,
autrefois libre et indépendante, se vit soumise, à partir
du seizième siècle, aux caprices des princes ; elle vit
les potentats de l'Europe s'efforcer de partager entre

(1) Les dernières Cortès où la nation ait pu manifester sa
volonté à l'occasion de l'avènement des monarques au trône sont
les Cortès de Valladolid tenues en 1518, et où Charles-Quint fut
proclamé roi. Marina, *op. cit.*, 2e partie, L. III, pp. 257-58.

eux ses provinces comme on dispose de terrains
vacants et abandonnés, et l'un de ses rois, Charles II,
léguer par un acte de sa propre volonté la Couronne
de Castille à un étranger. Lorsque le roi Philippe V,
petit-fils de Louis XIV, fut proclamé, la réunion
qui remplit cette formalité ne put être qualifiée de
Congrès national, parce qu'aucune des formes en
usage dans le royaume ne fut pratiquée pour la convocation des députés. C'est que les rois étaient alors
persuadés que leur autorité émanait directement de
Dieu et non pas des nations qu'ils gouvernent, et
qu'ils regardaient leurs droits à la Couronne comme
irrévocables et indépendants de la volonté des hommes.

« Si les Cortès eussent conservé leur ancien
caractère, dit le comte don Juan Amor de Poria [1],
Louis XIV n'eût pas trouvé autant de facilités lorsqu'il entreprit en 1699 et 1700 le partage de la Monarchie du vivant même du roi Charles II..... Le
testament du feu roi ne pouvait régler en aucune
manière le droit de succession, et dans les discussions survenues avant sa mort, la reine, son épouse,
et les régents nommés par cet acte ne pouvaient être
juges compétents. C'était à l'assemblée générale des
Cortès qu'il appartenait d'entendre et de discuter les
raisons des parties et de décider la question confor-

(1) Maladie chronique des royaumes d'Espagne et des Indes ;
partie I, chap. 7. p. 24. Académie de l'histoire, t. XXVIII.

mément aux lois fondamentales et au vœu de la nation. »

Lorsque la guerre de succession fut terminée, Philippe V, affermi sur le trône par le traité d'Utrecht, signala son avènement par un acte de despotisme que ses prédécesseurs n'avaient jamais osé tenter. Il dérogea, en effet, à la loi fondamentale relative à la succession à la Couronne par une nouvelle loi, où, sans compter pour rien la nation légitimement assemblée en Cortès générales, il rendit l'hérédité rigoureusement agnatique.

Nous arrêtons là cette étude de la situation des Cortès sous l'ancienne monarchie espagnole, et nous concluons en disant qu'il est nécessaire de distinguer deux périodes si l'on veut préciser la mesure du pouvoir des Cortès à cette époque : dans la première période, qui va des premiers temps de l'histoire de l'Espagne à l'avènement au trône des princes autrichiens, le pouvoir des rois trouve une limitation certaine dans la nation représentée dans les Cortès qui, en vertu des anciennes lois et coutumes castillanes, possèdent un ensemble de droits bien établis; dans la deuxième période, qu'inaugure l'avènement des princes de la maison d'Autriche, les rois parviennent à s'affranchir de tout frein et exercent un pouvoir absolu. Les protestations du peuple espagnol écrasé sous le plus dur des despotismes, vives au début, se feront de moins en moins énergiques et se lasseront enfin au point de laisser l'arbitraire royal accomplir sans plus d'entraves son œuvre néfaste, d'où devaient fatalement sortir la corruption des mœurs et la complète indifférence de la presque totalité du peuple espagnol, « la masa neutra », à l'égard de la situation politique du pays.

§ 2. — *Les Cortès dans la Constitution de 1876.*

La Constitution de 1876 attribue principalement la fonction législative aux Cortès[1] composées de deux assemblées : le Sénat (el Senado) et la Chambre des députés (el Congreso de los Diputados); le Sénat, corps plutôt aristocratique, comprenant pour moitié d es membres à qui le privilège du sang ou leur haute situation a valu de devenir sénateurs de droit ou à la suite d'une nomination du roi, et pour l'autre moitié un élément élu: le Congreso, chambre populaire élue au suffrage direct universel et secret, représentant la masse des Espagnols.

A. — LE SÉNAT

La Constitution de 1812 ne reconnaissait qu'une Chambre. L'ordonnance royale de 1834 établit au contraire deux Chambres appelées Etats (Estamentos), l'une des grands du royaume (proceres del reino), et

---

(1) Art. 19 : « Las Cortes se componen de dos Cuerpos colegisladores, ignales en facultades: el Senado y el Congreso de los Diputados. »

l'autre des députés (procuradores). La première se composait de grands d'Espagne chez lesquels cette dignité était héréditaire, et de personnages qui, grâce à leur mérite, avaient été appelés par le roi à certains emplois. Le nombre des grands du royaume n'était aucunement limité.

La Constitution de 1837 reconnaissait deux Chambres appelées Sénat et Congrès des députés. Elle décidait que les sénateurs seraient nommés par le roi, sur la proposition des électeurs qui, dans chaque province, nommaient les députés aux Cortès. Seuls les fils du roi et de l'héritier présomptif de la couronne étaient sénateurs de droit à vingt-cinq ans.

Avec la Constitution de 1845, ce fut pour le Sénat une autre organisation. Désormais, le nombre des sénateurs était illimité et leur nomination appartenait au Roi sous certaines conditions qui pourraient être modifiées par une loi. L'acte de 1845 reconnaissait les mêmes sénateurs de droit que la Constitution précédente, la fonction était à vie. L'organisation du Sénat fut un moment modifiée par la loi de 1857 qui établissait que le Sénat serait composé des fils du roi et de l'héritier présomptif de la couronne à l'âge de 25 ans, de certains fonctionnaires élevés, ecclésiastiques, civils et militaires, des grands d'Espagne sous certaines conditions et d'un nombre illimité de sénateurs nommés par le Roi dans certaines catégories. Il y avait des sénateurs héréditaires et des sénateurs à vie. Mais en 1864 une loi vint remettre en vigueur la Constitution de 1845.

La Constitution de 1869 établit l'élection des sénateurs par les provinces. Chaque district municipal désignait au suffrage univérsel un certain nombre de députés qui, réunis à la députation provinciale respective, formaient l'Assemblée électorale. Chacune d'elles désignait à la pluralité des voix quatre sénateurs, qui devaient pour être éligibles satisfaire à des conditions que la Constitution déterminait.

Enfin la Constitution de 1876, combinant les dispositions de l'ordonnance royale et de la Constitution de 1869, introduisit dans le Sénat un nouvel élément, celui qui représente les corporations ecclésiastiques, les Académies, les universités et les sociétés économiques.

1º. — COMPOSITION ACTUELLE DU SÉNAT

Actuellement le Sénat espagnol se compose au total de 360 membres, soit 180 sénateurs de droit et nommés à vie par la Couronne et 180 sénateurs élus en la forme déterminée par une loi organique du 8 février 1877, par diverses corporations de l'Etat et par les plus fort imposés (Constit. art. 20).

Le Sénat espagnol comprend par conséquent trois classes de sénateurs.

LES SÉNATEURS PAR DROIT PROPRE

Ce sont : 1º les fils du roi et de l'héritier présomptif de la Couronne lorsqu'ils ont atteint leur majorité ; 2º les grands d'Espagne à condition de n'être sujets d'aucune puissance étrangère et de jouir d'une rente annuelle de 6.000 pesetas provenant des biens propres immobiliers ou assimilés aux immeubles par la loi ; 3º les capitaines généraux de l'armée et l'amiral de la flotte ; 4º le patriarche des Indes et les archevêques ; 5º les présidents du Conseil d'Etat, du tribunal suprême, de la Cour des comptes, du tribunal militaire supérieur, du tribunal de la flotte après deux ans d'exercice (Constit. 1876, art. 21).

LES SÉNATEURS A VIE NOMMÉS PAR LA COURONNE

L'art. 22 de la Constitution de 1876 enferme le choix, par la Couronne, des Sénateurs à vie, dans des catégories déterminées et limite à ces mêmes catégories le choix des électeurs en ce qui concerne les sénateurs élus. « Pourront seuls être nommés par le roi ou élus par les corporations de l'Etat et les plus fort imposés : 1º le président du Sénat ou le président de la Chambre des députés ; 2º les députés qui ont fait partie de trois chambres différentes ou qui ont exercé pendant huit ans les fonctions législatives ; 3º les ministres de la couronne ; 4º les évêques ; 5º les grands d'Espagne ; 6º les lieutenants généraux de l'armée et les vice-amiraux de la flotte ayant deux ans de grade ; 7° les ambassadeurs après deux ans de service effectif et les ministres plénipotentiaires après quatre ans ; 8° les conseillers d'Etat, le fiscal du Conseil d'Etat, les ministres et les fiscaux du tribunal suprême, ainsi que du tribunal des comptes, les conseillers du tribunal supérieur de la guerre et du tribunal de la flotte, le doyen du tribunal des ordres militaires après deux ans d'exercice ; 9° les présidents ou directeurs de l'académie espagnole, des académies d'histoire, des beaux-arts de Saint-Ferdinand, des sciences exactes, physiques et naturelles, des sciences morales et politiques et de médecine ; 10° les académiciens des corporations ci-dessus mentionnées qui occupent la première place par rang d'ancienneté, les inspecteurs généraux de 1re classe des corps des ingénieurs des chaussées, mines et montagnes ; les professeurs des universités qui comptent quatre années d'exercice à dater de leur nomination.

Les personnes indiquées dans les catégories précédentes devront jouir d'un revenu de 7,500 pesetas provenant soit de leurs biens propres, soit des traitements de leurs emplois qui ne peuvent leur être enlevés sans décision judiciaire, soit de pensions de retraite.

11° Ceux qui depuis deux ans possèdent une rente annuelle de 20,000 pesetas ou paient au Trésor 4,000 pesetas de contributions directes, s'ils

jouissent d'un titre de noblesse (Titulos del Reino)
ou s'ils ont été députés aux Cortès, députés provinciaux ou alcades dans les capitales de province ou
dans les villes de plus de 20,000 âmes ; 12° tous ceux
qui ont une fois exercé les fonctions de sénateur
avant la Constitution de 1876. A ceux qui, pour être
sénateurs, auront à un moment donné prouvé qu'ils
possédaient la rente exigée pour être sénateurs
de droit, il suffira d'une attestation du registre de la
propriété pour prouver qu'ils sont toujours proprié-
taires des mêmes biens [1].

La nomination des sénateurs par le roi se fera
toujours par décrets spéciaux, et ces décrets indique-
ront toujours expressément le titre auquel aura lieu
la nomination conformément aux dispositions qui
précèdent. » (art. 22).

Les vacances qui se produisent dans la moitié non
élective du Sénat peuvent être comblées par le roi
lorsqu'il n'y a pas de candidats réclamant leur entrée
par droit propre et en vertu de l'art. 21. Ceux qui se
trouveraient dans les conditions prévues par l'art. 21
et seraient sénateurs de droit, à un moment où le
chiffre des 180 membres est au complet, sont tenus
d'attendre pour être admis qu'une vacance se pro-
duise, et, s'ils sont plusieurs, ils sont admis dans

---

(1) Une loi du 27 juillet 1883 a fixé le délai qui est imparti aux
sénateurs élus pour présenter les pièces établissant leur capacité
légale.

l'ordre fixé par ledit art. 21. Si un ou plusieurs candidats de droit propre appartiennent à un même ordre, et qu'il n'y ait pas de vacances pour tous, on admettra d'abord les plus âgés, et les autres attendront de nouvelles vacances (Loi sénatoriale du 8 février 1877, art. 60 et 61).

SÉNATEURS ÉLUS

Les 180 sénateurs électifs sont élus pour cinq ans, dans les proportions et par les corporations qui seront indiquées ci-après, parmi les Espagnols âgés de 35 ans qui rentrent dans l'une des catégories mentionnées à l'art. 22 de la Constitution pour les nominations de sénateurs à vie, qui n'ont jamais été l'objet d'une poursuite criminelle, qui jouissent de tous les droits civils et dont les biens sont libres d'engagements (Constit. art. 26). La partie élective du Sénat se renouvelle par moitié tous les cinq ans, et en totalité quand le roi dissout cette partie du Sénat (art. 24).

2° CORPS ÉLECTORAUX

a) Le clergé est représenté par neuf sénateurs élus à raison de un par archidiocèse, par les archevêques, évêques et délégués des chapitres de chacune des neuf *provinces ecclésiastiques* de Tolède, Séville, Grenade, Santiago, Saragosse, Tarragone, Valence,

9

Burgos et Valladolid. réunis au chef-lieu de la province (Loi de 1877, art. 1er).

b) Six sénateurs sont élus par les six Académies : Royale espagnole. d'Histoire, des Beaux-Arts. des Sciences exactes, physiques et naturelles, des Sciences morales et politiques, et de Médecine de Madrid (art. 1er).

c) Chacune des dix Universités de Madrid, Barcelone, Grenade, Oviédo, Salamanque, Santiago, Saragosse, Séville, Valence et Valladolid nomme un sénateur, avec le concours des recteurs et professeurs, des docteurs immatriculés, des directeurs des établissements d'enseignement secondaire et des chefs des écoles spéciales de la circonscription. (Art. 1er.)

d) Les Sociétés économiques d'amis du pays (qui perpétuent les plus anciennes associations du royaume et qui sont à peu près équivalentes à nos Chambres de commerce et d'agriculture) sont groupées en cinq régions dont les centres sont Madrid, Barcelone, Léon, Séville et Valence. Chaque Société d'une même région élit un délégué par cinquante membres, et les délégués élisent un sénateur pour la région. (Art. 1er.)

e) Les députés provinciaux (qui représentent nos conseillers généraux), les délégués des municipalités, *compromissarios* (dont le choix appartient aux membres des Conseils municipaux et à un nombre quadruple des plus imposés des communes), réunis au chef-lieu de leur province respective, forment dans chaque province, un collège électoral qui élit trois sénateurs : les sénateurs de cette cinquième catégorie sont au nombre de cent cinquante. (Art. 2.)

Pour pouvoir être électeur sénatorial, il faut être Espagnol, majeur selon la loi de Castille, chef de famille, domicilié, possesseur d'une maison dans une commune du royaume et jouir de ses droits civils et politiques. (Art. 3.)

3° INCAPACITÉS ET INCOMPATIBILITÉS

Au point de vue de l'éligibilité, indépendamment des conditions générales que nous avons énumérées plus haut, un certain nombre d'incapacités ou d'incompatibilités sont prévues par la loi. Ainsi ne peuvent être élus, dans la cinquième catégorie, les fonctionnaires publics employés dans la province, lés entrepreneurs de travaux et services publics et leurs cautions, les receveurs des contributions et leurs cautions (Art. 5). Ne peuvent être élus en aucun cas les débiteurs de l'Etat ou les contribuables portés dans le deuxième état des contributions (Art. 6.)

Les fonctions de sénateur sont incompatibles : 1° Avec tout emploi actif rétribué sur les fonds de l'Etat, des provinces ou des communes qui n'est pas compris dans les catégories désignées par l'article 22 de la Constitution ; 2° avec celles de député aux Cortès ou de membre d'une municipalité quelconque (sauf celle de Madrid), ou de député provincial si

l'élection a lieu dans la province même (Art. 7 et 8).
En cas d'incompatibilité, l'élu doit opter dans les huit
premiers jours de son admission au Sénat (Art. 8.)

Tout militaire, en prenant possession d'un siège
aux Cortès, est mis dans la situation d'un retraité
sans solde et perd tout droit à l'avancement pendant
la durée de son mandat législatif, sauf à être réinté-
gré dans son grade et à reprendre son rang antérieur
à l'expiration du dit mandat.

Tant que les Cortès sont réunies, les sénateurs ne
peuvent accepter d'emploi ni d'avancement en dehors
de l'ordre hiérarchique, de titres ni de décorations.
Il n'y a d'exception que pour la fonction de ministre
de la Couronne (Art. 9). Le sénateur qui aura été
choisi par deux ou plusieurs corporations ou provinces optera dans le délai de huit jours à compter de
la constitution du Sénat ou de son admission dans
ce corps, pour la corporation ou la province qu'il dé-
sire représenter et, dans le cas où il ne le fera pas, le
sort en décidera (Art. 10).

De cette organisation du Sénat, il résulte que la
Chambre haute espagnole participe à la fois de la
Chambre des lords d'Angleterre, grâce à l'élément
aristocratique qui en fait partie de droit, du Sénat
italien par les sénateurs à vie dont la nomination est
laissée au roi, et enfin du Sénat français par le mode
d'élection des sénateurs désignés comme chez nous
par les représentants des diverses municipalités et les
députations provinciales, mais avec cette grave diffé-

rence que l'élection des délégués communaux n'est point laissée à l'*ayuntamiento* ou Conseil municipal de chaque commune, mais à une assemblée formée pour partie des conseillers municipaux et, pour la plus grande part, des principaux contribuables [1].

Les constituants de 1876 avaient eu principalement en vue en organisant le Sénat l'établissement d'un corps capable de servir, le cas échéant, d'utile modérateur ; peut-être pourrait-on leur reprocher d'en avoir fait une assemblée trop aristocratique et à tendances forcément conservatrices. Il contient, en

[1] L'Espagne, l'Angleterre, la France, l'Allemagne et les Etats-Unis paraissent avoir été guidés par des vues tout à fait différentes en constituant une Chambre haute.

En Angleterre, en Allemagne et en Espagne pour partie, la Chambre haute est permanente et non pas élective, mais tandis que son but en Angleterre et en Espagne est alors de donner à une aristocratie existant dans le pays une représentation spéciale qui conserve l'esprit de tradition, en Allemagne, la Chambre haute se propose de donner une représentation aux intérêts autonomistes et incarne l'esprit de fédération.

Au contraire, aux Etats-Unis, en France, en Espagne et en Angleterre pour partie, la Chambre haute est élue, mais l'élection est entendue de différente manière dans ces divers pays, étant le résultat du suffrage universel à plusieurs degrés aux Etats-Unis, en France et pour partie en Espagne, ou bien résultant du vote des corporations ou des classes existant dans la nation, ainsi en Espagne et en Angleterre (lords d'Ecosse et d'Irlande). En instituant le Sénat en France, on a voulu établir un élément modérateur pouvant servir, le cas échéant, de contre-poids à la Chambre populaire ; la partie élective du Sénat espagnol procède des mêmes vues très probablement. Quant à la Constitution des Etats-Unis, elle semble avoir établi la Chambre haute également à raison des inconvénients de l'unité de la Chambre, tout en tenant compte de la nature fédérale du pays dans l'organisation du Sénat. En Angleterre, la partie élue de la Chambre haute (pairs d'Ecosse et pairs d'Irlande) représente surtout l'esprit de tradition.

effet, d'une part, un élément qui incarne la tradition
et affirme la persistance de privilèges de classe et de
situation ; sans doute il est d'autre part électif et tend
à représenter les éléments politiques corporatifs et
individuels. Mais n'oublions pas que, triés à l'aide
du double crible d'un cens électoral et d'un cens
d'éligibilité, et passés au tamis d'étroites catégories,
les sénateurs élus représentent, avant tout, la propriété et la richesse. et auront eux-mêmes, bien souvent, des tendances conservatrices. Dès lors, le frein
modérateur que devait constituer le Sénat n'est-il
pas exposé à pécher par excès de résistance ? Dans
un autre pays, une assemblée composée de telle sorte
constituerait peut-être un danger pour la liberté,
mais nous sommes dans la Péninsule, et nous montrerons plus loin comment, au moment des élections,
le gouvernement a les Chambres qu'il veut, et comment les partis, d'une façon générale, se préoccupent
bien moins des Cortès que du palais et des intrigues
susceptibles de les conduire au pouvoir.

B. — LA CHAMBRE DES DÉPUTÉS

Toutes les constitutions et lois espagnoles antérieures à la Constitution de 1869 admettaient plus ou
moins largement le cens, outre les capacités exigées,
pour les élections aux Cortès qui se faisaient tantôt par
districts et tantôt par circonscriptions. La Constitution de 1869 établit le suffrage universel. La nouvelle

situation politique, créée par la restauration, tout en acceptant provisoirement la législation en vigueur (les premières élections de sénateurs et de députés furent faites, en effet, conformément à la Constitution de 1869), ne comportait pas un droit de suffrage aussi étendu. En 1877, la loi du 20 juillet sur l'élection des députés aux Cortès rétablissait la législation la plus large parmi les lois antérieures à la révolution de 1768. Mais cette loi ne fut jamais appliquée, car, en 1878, les Cortès votaient une nouvelle loi électorale, promulguée le 28 décembre 1878. Cette nouvelle législation maintenait le principe du cens, malgré les efforts faits au cours de la discussion pour faire adopter le suffrage universel. L'innovation la plus intéressante qu'elle ait introduite consiste dans les mesures qu'elle a prises pour assurer la représentation des minorités. C'est la loi du 26 juin 1890 qui devait dire enfin le dernier mot sur la matière, en établissant, pour l'élection des députés, le suffrage universel.

1° COMPOSITION

« La Chambre des députés (Congreso) se compose de membres élus par les juntes électorales dans la forme déterminée par la loi. Il y a au moins un député par 50,000 âmes . » (Constit. art. 27). Le nombre des députés s'élève actuellement à 402.

Les députés sont élus pour cinq ans et indéfiniment rééligibles (art. 28 et 30)'.

Ceux à qui le gouvernement confère des pensions, emplois, avancements de faveur, missions avec traitement, honneurs ou dignités, cessent *ipso facto* leurs fonctions si, dans les quinze jours qui suivent leur nomination, ils ne font pas connaître à la Chambre qu'ils renoncent à la faveur que leur offre le gouvernement. — Ne sont pas soumis pourtant à cette règle les députés nommés ministres de la Couronne. (Constit., art. 31).

Les fonctions de député sont gratuites et volontaires. (Loi du 26 juin 1890, art. 8).

2° CONDITIONS D'ÉLIGIBILITÉ — INCOMPATIBILITÉS

Les conditions d'éligibilité établies par la Consti-

(1) En ce qui concerne l'élection de la Chambre populaire, les diverses Constitutions que nous prenons comme types de comparaison avec la Constitution espagnole manifestent avec celle-ci une unité presque absolue de vues. La Chambre populaire y est élue, en effet, au suffrage universel ou presque universel, par les électeurs majeurs qui indiquent leur volonté au moyen d'un vote secret, le nombre des députés étant en proportion de la population, et cette proportion variant entre le minimum de 1 député par 170,000 habitants aux Etats-Unis et le minimum de un député par 50,000 habitants en Espagne. La durée des fonctions de député varie, dans ces diverses Constitutions, entre sept années en Angleterre, cinq en Allemagne et en Espagne, quatre en France et deux aux Etats-Unis.

tution sont d'être : Espagnol, laïque, majeur [1] et en possession de tous les droits civils (Constit., art. 29). Toutefois, plusieurs conditions supplémentaires et diverses incompatibilités sont prévues par les lois électorales. Ainsi, pour pouvoir être valablement élu, il faut ne se trouver dans aucun des cas d'incapacité spéciale prévus par la loi organique du 28 décembre 1878, qu'ont confirmé à cet égard trois lois du 7 mars 1880, 31 juillet 1887 et 26 juin 1890 : privation des droits civils à temps ou à perpétuité même suivie de grâce; condamnation à une peine afflictive sauf réhabilitation depuis deux, ans au moins ; état de contumace, de faillite ou de banqueroute. interdiction, situation de débiteur envers le Trésor (loi de 1878, art. 20) ; entreprise ou direction de travaux ou services publics pour le compte de l'Etat (art. 8, loi de 1890, art. 4 et 5).

Le principe de l'incompatibilité des fonctions publiques avec la charge de député est posé par l'article 12 de la loi électorale des 23 juin, 20 août 1870 et par l'article 9 de la loi du 28 décembre 1878. La loi de 1878 déclarait le mandat de député incompatible : 1° Avec la qualité de fonctionnaires de provinces ou d'autres circonscriptions, même si leur

---

(1) Si la majorité civile commence à 23 ans (art. 320 C. C.), la majorité politique ne commence qu'à 25 ans suivant le décret royal du 5 août 1889 et l'article 3 de la loi électorale. L'âge requis pour pouvoir exercer les fonctions de député est de 21 ans en Angleterre, 25 ans aux Etats-Unis, en France et en Allemagne.

nomination procède de l'élection populaire, lorsqu'ils exercent individuellement ou collectivement une autorité, un commandement civil ou militaire, ou une juridiction quelconque dans les districts soumis en tout ou en partie à leur autorité, commandement ou juridiction (art. 9) ; 2º avec les fonctions d'ingénieur des routes, forêts et mines exercées dans la circonscription ; 3º avec l'acceptation de travaux ou services d'intérêt provincial ou communal, dans la circonscription intéressée (même art.). L'incapacité résultant de ces incompatibilités subsiste pendant un an après la cessation de la cause qui l'a produite (L. de 1878, art. 10 ; L. du 31 juillet 1887). La loi du 7 mars 1880 a élargi et confirmé ces dispositions en déclarant, sauf un petit nombre d'exceptions, le mandat de député absolument incompatible avec toutes fonctions publiques. Elle n'admet la compatibilité que : 1º avec les emplois de l'ordre civil, militaire et judiciaire, obligeant à une résidence fixe à Madrid même et comportant un traitement de l'Etat d'au moins 12.500 pesetas ; 2º avec les fonctions de président, de procureur général (fiscal) et de président de salle de la Audiencia de Madrid ; 3º avec celles de recteur ou de professeur de l'Université centrale ; 4º avec celles d'inspecteur des ingénieurs ou d'officier général en résidence à Madrid (art. I. L. 7 mars 1880). La loi du 26 juillet 1890 a expressément étendu l'exception aux ministres de la Couronne et aux fonctionnaires de l'administration centrale (art. 4) ; celle du 17 juillet

1895 aux fonctions de professeur de l'Institut et des
écoles supérieures de Madrid.

Le nombre de députés ayant des emplois com-
patibles et siégeant au Congrès, ne pourra dépasser
40. S'il y a un nombre plus· considérable d'élus de
cette catégorie, le sort décidera quels sont ceux qui
doivent être exclus, dans les huit jours qui suivront la
constitution .définitive de l'assemblée. On déclarera
vacants les districts des députés qui se trouvent en
excédent à moins qu'ils ne renoncent à leurs emplois
charges ou fonctions dans les quinze jours suivants
(L. de 1880, art. 4 modifié par la loi du 31 juillet 1887).

3° MODE D'ÉLECTION DES DÉPUTÉS

Pour pouvoir voter, il faut être inscrit sur la liste
électorale (censo electoral), laquelle est permanente
.(L. de 1890, art. 9) et ne peut être modifiée que par
la révision annuelle établie par cette loi.

Sont électeurs, pour les élections de députés aux
Cortès, tous les Espagnols mâles, majeurs de 25 ans,
jouissant de leurs droits civils et inscrits sur les
registres d'une commune où ils comptent au moins
deux ans de résidence (art. 1).

Les individus appartenant aux armées de terre ou
de mer ne peuvent voter tant qu'ils se trouvent sous
les drapeaux. Il en est de même de tous ceux qui
appartiennent à d'autres corps ou institutions armées

dépendant de l'Etat, des provinces ou des communes (art. 1).

Ne peuvent être électeurs :

1° Diverses catégories de condamnés de droit commun, sauf leur réhabilitation ; 2° les faillis non réhabilités ; 3° les débiteurs de deniers publics à titre de seconds contribuables ; 4° les individus recueillis dans les établissements de bienfaisance ou qui, sur leur demande, ont été autorisés par l'administration à implorer la charité publique (art. 2).

La formation, la révision, la garde et l'inspection des listes électorales sont confiées à un conseil central, à des conseils provinciaux et à des conseils municipaux, dénommés *conseils de la liste électorale.* Ces conseils résident à Madrid, dans les capitales de province, dans les communes et sont permanents. Leur président est, respectivement, le président de la chambre des députés, le président de la députation provinciale et l'alcade. Le conseil central et les conseils provinciaux comptent 15 membres et ne peuvent délibérer qu'en présence de 9 (art. 10).

La révision annuelle de la liste a lieu aux mois d'avril et de mai, sur communication de la liste des électeurs décédés ou devenus incapables, affichage de la liste de l'année précédente et publication de celle des individus qui, ayant l'âge requis, ont deux ans de résidence dans la commune (art. 11 et 12). Le conseil communal statue en premier ressort, sur les radiations et les nouvelles inscriptions à opérer, puis envoie au président du conseil provincial les listes par lui dressées des diverses mutations que comporte la liste électorale (art. 13). Ce second conseil se réunit en séance publique le 1er mai, approuve les listes qui n'ont donné lieu à aucune réclamation. examine les réclamations qu'a le droit de formuler tout habitant du district, sénateur, député aux Cortès ou député provincial, et statue à huis-clos (art. 14) ; mais ses décisions sont publiées avec leur motif et peuvent être portées par voie d'appel devant l'*Audiencia territorial* (cour d'appel du ressort) art. 15.

Le 1er juin, le conseil provincial se réunit de nouveau, et, tant d'après ses propres décisions que sur celles de la Cour, il arrête la liste des électeurs dont le droit au vote est reconnu (art. 16).

Les députés sont nommés par les électeurs d'un *district électoral* ou d'un collège spécial.

Si le district doit nommer un député, chaque électeur ne peut donner valablement son vote à plus d'une personne ; s'il doit en nommer plusieurs, chaque électeur n'a le droit de voter que pour un nombre de candidats inférieur de un, de deux ou de trois, au nombre de députés à élire, suivant que ce nombre est de deux à quatre, de plus de quatre, de plus de huit (L. de 1890, art. 22). Comme la loi du 28 décembre 1878, celle de 1890 s'est ainsi efforcée de réaliser par

un système aussi simple que possible la représentation proportionnelle des minorités [1].

Les Universités littéraires, les sociétés économiques d'amis du pays, les chambres de commerce, les
chambres industrielles ou agricoles, officiellement
organisées, constituent des collèges spéciaux qui ont
le droit d'élire un député par 5.000 électeurs en faisant partie ; celles de ces corporations comptant
moins de 5,000 électeurs se réunissent aux corporations semblables les plus voisines pour former un
collège. Les électeurs qui désirent voter comme
membres d'une corporation sont tenus de se faire
rayer de la liste électorale générale (art. 24 et s.). La
représentation des intérêts a donc trouvé place dans
la loi électorale, aussi bien que la représentation des
minorités, au profit des mêmes corporations qui ont
le droit d'élire des sénateurs sous certaines conditions de groupement, mais sans qu'elles paraissent

(1) La représentation des minorités présente d'incontestables
avantages : la pacification des élections ne peut que gagner à son
introduction, et les principaux représentants des partis opposés
l'un à l'autre ne pouvant être exclus du Congrès, le parti qui est
au pouvoir est ainsi obligé de compter avec les représentants de
l'opposition et est assujetti à un véritable contrôle. Mais l'expérience, dit M. Posada, démontre que son application en Espagne
a donné de très mauvais résultats ; l'application du principe de la
représentation proportionnelle des minorités parait, en effet, exiger : 1° une certaine instruction ; 2° des partis très bien organisés,
toutes choses qui font complètement défaut à l'Espagne. Posada,
op. cit., p. 527.
Il y a actuellement 27 « circonscriptions » dans lesquelles les
députés, au nombre de 91, sont élus au scrutin de liste.

jusqu'ici disposées à user de ce privilège dont quatre collèges de sociétés économiques d'amis du pays ont seuls réclamé la jouissance, pour avoir leurs élus au Congrès, notamment ceux de Alba de Tormes (Salamanque) et de Medina del Campo (Valladolid).

Le bureau électoral se compose, dans chaque section, d'un fonctionnaire municipal qui le préside, ce sera d'ordinaire l'alcade [1], et à défaut, sur son ordre, les adjoints ou conseillers ou les alcades du quartier (alcades de barrios), et d'au moins quatre assesseurs. Les assesseurs sont désignés soit par le conseil provincial de la liste, soit par les candidats qui jouissent de ce droit : anciens députés de la province, anciens candidats ayant obtenu un cinquième des suffrages exprimés, anciens sénateurs élus, candidats proposés comme tels par un vingtième au moins des électeurs inscrits de la circonscription (art. 36 et 37). Pour pouvoir user de ce droit de désignation, il faut être proclamé candidat par le conseil municipal, le dimanche qui précède les élections. Pour être assesseur, il faut être électeur dans la commune où doit se constituer le bureau et savoir lire et écrire (art. 41). S'il n'y a qu'un seul candidat de proclamé, il peut désigner deux assesseurs et deux suppléants pour chaque section. S'il y en a deux ou plus, chacun peut

(1) L'alcade est électif, sauf dans les villes ayant plus de 6.000 habitants, où il est nommé par le gouvernement parmi les conseillers municipaux. A Madrid seulement, la nomination de l'alcade appartient exclusivement au gouvernement.

nommer un assesseur et un suppléant pour chaque section. Dans tous les cas, le conseil provincial en désigne deux de son côté et quatre s'il n'y a pas de candidats proclamés ou si les candidats n'ont pas usé de leur droit (art. 42 et 43).

Les bureaux de vote sont nombreux, les districts électoraux étant divisés en sections dont chacune doit comprendre 100 électeurs au moins et 500 au plus dans les campagnes avec un maximum de 1.000 électeurs dans les villes.

Les élections aux Cortès ont lieu un dimanche. Le scrutin doit s'ouvrir à huit heures du matin et se clore à quatre heures du soir (art. 46 et s.). Le vote a lieu simultanément dans toutes les sections, il est secret et exprimé par un bulletin en papier blanc écrit ou imprimé, déposé dans une urne de cristal ou de verre transparent. Le dépouillement est transmis par le président de chaque section de vote à la commission centrale du scrutin qui se réunit, quatre jours après l'élection, au chef-lieu du district pour proclamer le résultat définitif et dont les assesseurs, représentant au moins 25 sections de districts, sont désignés par les conseils provinciaux, sans préjudice des assesseurs volontaires. La commission centrale du scrutin est présidée par un magistrat.

Les délits électoraux qui peuvent être commis sont minutieusement exposés et punis avec rigueur par la loi de 1890, sans aucune omission de ceux qui peuvent mettre en cause les fonctionnaires publics pour faits d'intervention abusive ou de pression de toute

sorte. Sont réputés fonctionnaires publics aux effets
de la loi électorale, tous les fonctionnaires à la nomination du gouvernement et tous ceux qui remplissent
quelque charge touchant aux élections, tels que les
présidents et les membres des conseils de la liste, les
présidents et assesseurs des bureaux et des conseils
de scrutin. La poursuite appartient librement devant
les tribunaux ordinaires et cours de justice, à tout
électeur qui se prétend lésé.

Enfin la surveillance de toutes les opérations électorales est remise à la junte ou conseil central, qui a
le droit de punir d'amende les infractions commises
jusqu'à concurrence de 1000 pesetas et de saisir le
Congrès de ses rapports. La junte centrale, qui comprend quinze membres, est composée des anciens
présidents et vice-présidents de la chambre des députés ; elle est ainsi investie d'une autorité suprême qui
peut lui donner un pouvoir d'arbitrage efficace.

La loi de 1890 semble donc avoir pris toutes les
dispositions nécessaires pour assurer à la fois l'intégrité des inscriptions et la régularité des opérations
électorales, et si l'on s'en tenait seulement au texte
des lois, les élections législatives ne pourraient manquer de faire honneur à l'Espagne.

C. — DISPOSITIONS COMMUNES AUX DEUX CHAMBRES

Chacune des deux Chambres a, de même que le
roi, l'initiative des lois (Constit. art. 41).

10

Le Sénat et la Chambre des députés possèdent des pouvoirs égaux (art. 19). Toutefois les lois sur les contributions et sur le crédit public sont présentées d'abord au Congrès (art. 42).

Les deux Assemblées se réunissent tous lés ans, sans préjudice des convocations extraordinaires en cas de vacance de la Couronne ou d'impossibilité pour le souverain de gouverner (art. 32 et 33). Elles fonctionnent durant des périodes qui sont variables et qui constituent les « législaturas ».

En Espagne comme en Angleterre, le roi ouvre en personne ou par l'intermédiaire de ses ministres les Chambres, en leur lisant un Message auquel elles répondent.

Hormis le cas où lé Sénat exerce ses attributions judiciaires, aucune des deux Assemblées ne peut être réunie sans l'autre (art. 38). Elles ne peuvent jamais délibérer réunies en présence du roi (art. 39). — En principe, leurs séances sont publiques.

La charge de représentant est gratuite [1]. — Une fois élus et admis, les membres des Chambres repré-

(1) Ainsi en est-il en Angleterre et en Allemagne. Aux Etats-Unis et en France, au contraire, les parlementaires touchent ure indemnité. Constit. des Etats-Unis, art. 1er, sec. 6a 1. Loi du 20 janvier 1874. — Loi française du 30 novembre 1875, art. 17, et du 2 août 1875, art. 26. — M. Posada, dans ses Estudios sobre el regimen parlamentario, estime qu'il vaudrait infiniment mieux pour l'Espagne rétribuer directement ses représentants que leur accorder des avantages indirects, tels que la franchise postale, qui se prêtent à mille abus et finissent par devenir très coûteux pour le pays.

sentent non plus la circonscription, mais l'ensemble
de la nation (L. 1890, art. 21). Pour que les membres
des Chambres pussent avoir leur complète indépendance en matière politique, déjà, dans l'ancienne
monarchie espagnole ', les représentants jouissaient
durant l'exercice de leurs fonctions de certaines
garanties. La Constitution de 1876 établit aussi des
immunités parlementaires : « Les sénateurs et députés sont inviolables pour les opinions et les votes
émis par eux dans l'exercice de leurs fonctions »
(art. 46). En vertu, d'autre part, de l'art. 47, « les
membres des Chambres ne peuvent être poursuivis
ou arrêtés pour un délit quelconque, sauf le cas de
flagrant délit et le cas où les Chambres seraient hors
session, et sans l'assentiment préalable de la Chambre à laquelle appartient l'inculpé. C'est le Tribunal
suprême qui connaît des crimes dont ils sont accusés ». Sauf ce dernier paragraphe, qui a été ajouté
par la Constitution de 1876, c'est la reproduction littérale de l'art. 41 de la Constitution de 1845. « Cette
seconde immunité, qui put être nécessaire en d'autres
temps, donne lieu en Espagne, dit M. Posada, à d'in-
qualifiables abus ' ».

Avant de prendre possession de leur charge, les

---

(1) V. nos développements sur les anciennes Cortès, p. 104.
— Estudios sobre el regimen parlamentario en España. Posada.
Madrid, 1891. — Lois II et IV du t. XVI, Partida II. — Colmeiro :
Cortès de Léon y de Castilla, vol. I.

(2) Posada. *Op. cit.*, p. 555.

membres de chaque Chambre doivent prêter serment et promettre fidélité et respect aux lois, à la Constitution, etc..., suivant les formules d'usage [1].

A l'exemple de la plupart des Constitutions étrangères, l'acte de 1876 reconnaît à chacune des Assemblées la faculté de décider sur la condition de ses membres et sur la légalité des élections (art. 34) [2]; mais l'examen de chaque élection est soumis préalablement à des commissions parlementaires qui sont destinées à donner des garanties d'impartialité. L'une de ces commissions est celle *de l'examen des actes ;* elle se compose de 15 membres nommés par le Congrès, mais sans que chaque député puisse indiquer plus de 5 membres, de telle sorte que la minorité puisse y être représentée. Les élections sérieusement contestées sont examinées par une autre commission appelée *le Tribunal des actes graves* pour laquelle *la Commission de l'examen des actes* propose au Congrès une liste de députés ayant fait partie de deux législatures; sur cette liste, le Congrès en choisit 24.

Chacune des deux assemblées législatives fait son règlement pour son régime intérieur (Const., art. 34).

---

(1) Règlement du Sénat, art. 30. Règlement du Congrès, art. 40-41-42.

(2) V. Espagne, outre l'art. 34 de la Constit. la loi électorale de 1890, art. 77 et suiv. Etats-Unis Constit., art. 1er, sec. 5a 1. — France. Loi 10 juillet 1875, art. 10. — Allemagne, constit., art. 27.

Le règlement de la Chambre des députés date du
4 mai 1847 et a été réformé à plusieurs reprises,
notamment en 1854; celui du Sénat date du 21 juin
1877. Notons seulement dans ces règlements, entre
lesquels il n'y a que de très faibles différences, la
commission de revision ou de correction de style
(*la de correccion de estilo*), qu'ils établissent dans les
deux Chambres, et qui a pour objet, lorsqu'un projet
de loi a été adopté, de le réviser pour le soumettre
ensuite à l'approbation définitive des Chambres [1].

Le Congreso élit en entier son bureau (*mesa*),

(1) V. Torres Campos et Emile Roux. Notice sur le règlement
des Cortès. *Bull. de la Soc. de législat. comparée*, 1876, p. 465
et suiv.

La réforme du règlement des Cortès a de nombreux partisans, et M. Moret, le président actuel du Conseil, n'est pas un
des moins résolus. Certains prétendent que c'est à l'insuffisance
du règlement actuellement en vigueur qu'il faut attribuer pour
partie l'infécondité législative des Cortès, et affirment qu'il dépend
d'une minorité ou d'un groupe quelconque d'empêcher toute
réforme qui lui déplait en pratiquant une obstruction systématique
(*Epoca*, du 19 septembre 1905). « Pour que laréforme fût telle que
la désirent ceux qui aiment le régime parlementaire et veulent le
voir entourer d'un certain prestige, il suffirait de s'inspirer du
règlement de la Chambres des communes anglaise et de la Chambre des députés de la République française. En Angleterre, on a
vu récemment établir la clôture lorsqu'un point est déclaré suffisamment discuté et élucidé ; en France, on peut prononcer l'exclu-
sion temporaire d'un député qui se départirait des règles les plus
élémentaires de la courtoisie qui doit régner dans une assemblée.
Le gouvernement qui entreprendrait la réforme du règlement des
Congrès répondrait certainement au vœu de l'opinion publique et
ne pourrait que relever le prestige du régime parlementaire en
Espagne ».

c'est-à-dire son président, ses vice-présidents et ses secrétaires (art. 36)[1].

Le Sénat procède lui-même, comme le Congreso, à l'élection de ses secrétaires, mais c'est le roi qui nomme pour chaque législature parmi les sénateurs, son président et ses vice-présidents (art. 36)[2].

La procédure suivie par les Chambres dans l'accomplissement de leur œuvre législative varie, comme nous l'avons indiqué, suivant que l'initiative législative a été prise par le roi, il s'agit alors d'un projet de loi (*proyecto de ley*), ou bien qu'elle émane de députés sous forme de proposition de loi (*proposicion de ley*), auquel cas la lecture en aura dû être autorisée auparavant par les sections (*secciones*). Suivant le règlement du Sénat et du Congreso, les propositions de loi ne sont reçues que si elles sont signées de sept membres; après la lecture et l'exposé des motifs, l'assemblée décide si elle prend ou non la proposition en considération. En cas de prise en considération, le renvoi aux sections est ordonné. Pour procéder à l'examen des projets de loi, chaque

---

(1) C'est une règle admise aussi par les Constitutions de France, Allemagne, Etats-Unis et Angleterre, que les Chambres populaires choisissent dans leur sein leur bureau, avec cette exigence toute de forme, en Angleterre, que le président *(speaker)* sera approuvé par la Couronne.

(2) La Chambre haute est présidée en Angleterre par le chancelier de la justice; aux Etats-Unis, c'est le vice-président de la République qui est de droit président du Sénat; en France, le Sénat élit son bureau; en Allemagne, le Bundesrath est présidé par le chancelier de l'Empire avec voix prépondérante.

assemblée, en Espagne comme en France, se divise
en *secciones*, ou bureaux, qui examinent chaque projet
de loi, et nomment un rapporteur qui rend compte
à l'Assemblée du projet de loi soumis à la commission. On procède ensuite à la discussion générale; la
clôture de la discussion ne peut être prononcée tant
que trois orateurs inscrits contre et trois des orateurs
inscrits pour, n'ont pas été entendus, à moins que
l'un d'eux ne renonce à la parole ; enfin, on passe au
vote. Les simples résolutions peuvent être prises à la
pluralité des suffrages émis, mais le vote d'une loi
exige la présence de la moitié plus un du nombre de
membres que compte chaque assemblée ¹ (art. 43).
Un projet de loi repoussé par l'une des Chambres ne
peut être reproduit dans le cours de la même session
(art. 44). Les lois doivent recevoir à la fois l'approbation des deux Assemblées; en cas de conflit entre les
deux Chambres, si le désaccord est complet, la loi
reste à l'état de projet, sinon on essaie d'arriver à
une entente au moyen de commissions mixtes : « Si

(1) Le quorum exigé pour la validité des lois est loin d'être partout le même. En effet, en Angleterre, la présence de 40 membres
à la Chambre des Communes et de trois à la Chambre des lords
suffit pour délibérer valablement ; aux Etats-Unis, suivant la Constitution, « la majorité de chaque Chambre forme le quorum nécessaire pour la validité des lois. Constit. art. 1. sec. 5, 1. — En
France, dans les deux Chambres, la présence de la majorité absolue est exigée — Au Reichstag allemand, l'art. 28 de la Constit. de
1871, modifié par une loi du 24 février 1873, dit formellement :
« pour la validité des décisions du Reichstag, la majorité des membres, calculée sur leur nombre légal, doit être présente ».

l'une des Chambres modifie ou désapprouve seulement en quelqu'une de ses parties un projet de loi déjà approuvé par l'autre, il est formé une commission composée d'un nombre égal de sénateurs et de députés qui confèrent sur les moyens d'arriver à une conciliation. Le projet de cette commission est discuté sans modification par le Sénat et le Congrès, et s'il est admis par tous deux il est adopté (art. 10, loi du 13 juillet 1837, rétablie en juin 1870 et réglant actuellement les rapports des deux Chambres). Une fois approuvé par les deux Chambres, le projet est présenté à la sanction du roi par une commission de la dernière Chambre qui l'aura discuté (art. 11. L. 13 juillet 1837).

En dehors du pouvoir législatif qu'elles exercent, comme nous l'avons vu, de concert avec le souverain, les Cortès ont pour attributions propres : 1° de recevoir du souverain ou du régent le serment d'observer la Constitution et les lois au moment où il prend les rênes du gouvernement ; 2° de choisir le régent ou le tuteur du souverain dans les cas où le prévoit la Constitution ; 3° de rendre effective la responsabilité ministérielle, en ce sens que, le cas échéant, les ministres sont mis en accusation par la Chambre des députés [1] et jugés par le Sénat (art. 45) ; 4° de voter le budget de l'Etat pour l'année suivante, avec cette

(1) Quand le Congrès déclare qu'il y a lieu de mettre en acusation les ministres, il nomme les députés chargés de soutenir l'accusation devant le Sénat (art. 12, loi du 13 juillet 1837).

observation importante que, si le vote n'est pas inter-
venu avant le premier jour de l'année budgétaire, on
se conforme de plein droit à la loi de finance antérieure, pourvu qu'elle ait été dûment votée par les
Cortès et sanctionnée par le souverain (art. 85) ; 5° de
fixer chaque année, sur la proposition du souverain,
les forces militaires permanentes de terre et de mer
(art. 88).

CHAPITRE IV

Critique du Régime parlementaire espagnol

De par ses origines et dans ses traits essentiels, le régime parlementaire est un système de gouvernement, par séparation, par relation et par équilibre des pouvoirs publics, agencé pour empêcher qu'aucun de ses organes ne déborde de sa fonction.

D'une façon générale, il consiste dans le contrôle par ce qu'on appelle le législatif de ce qu'on appelle l'exécutif, et dans l'accord, en vue de la législation, du chef de l'Etat et des membres du Parlement, également investis du droit d'initiative, armés les uns du droit de discussion, d'amendement, d'adoption ou de rejet, l'autre du droit de promulgation, comportant en une certaine mesure et sous certaines conditions le droit de *veto* ; les rapports s'établissent et se poursuivent entre l'exécutif et le législatif, entre le chef de l'Etat et les Chambres, par l'intermédiaire obligé des ministres, dont l'ensemble forme le Cabinet, choisis par le chef de l'Etat dans la majorité parlementaire, et également responsables devant le chef de l'Etat et devant les Chambres.

Le gouvernement de Cabinet a une origine exclusivement anglaise. Le Cabinet anglais est, comme d'ailleurs tout le reste de l'organisme politique, principalement le produit de l'histoire, et il faut ajouter, le produit aussi des conditions de vie et de caractère de la race anglaise. Quand on étudie la révolution anglaise, on est tenté de s'étonner, à première vue, que la République ne se soit pas établie; mais si on considère ensuite le caractère anglais, si on examine le grand respect qu'ont les Anglais pour la tradition, on comprend mieux que ce peuple se soit montré réfractaire à la forme républicaine qui eût entraîné la disparition des formes solennelles et de cérémonies léguées par la tradition. Comme toutefois l'expérience avait appris aux Anglais que la prérogative royale sans limitation ni frein entraînait avec elle de grands maux, et qu'une longue lutte contre l'absolutisme royal avait développé en eux l'esprit d'indépendance et de liberté, il en résulta, lorsque la Révolution de 1688 dut revêtir une forme harmonisant toutes les aspirations politiques, l'établissement du gouvernement de Cabinet; le Cabinet est, d'une part, la représentation de la volonté du pays puisqu'il procède et dépend du pouvoir législatif, et d'autre part, il représente la Couronne; il est, suivant l'expression de Gladstone, « le Clearing house » des forces politiques, le triple lien qui unit entre eux le monarque, la Cham-

bre des lords et celle des Communes ; en un mot,
c'est le centre de gravité de tout l'organisme politique.

Si on compare maintenant les conditions d'existence du régime parlementaire en Angleterre et celles
de cette même forme de gouvernement dans les autres pays du continent, et plus particulièrement en
Espagne, on est frappé de l'énorme différence qui les
sépare. C'est que, dans ces pays, le régime parlementaire n'a pas été, comme en Angleterre, le fruit
d'une lente élaboration des pouvoirs publics, mais y
fut soudain établi de façon à constituer une copie plus
ou moins exacte du gouvernement anglais, et sans
qu'on eût su tenir suffisamment compte des différences de race et de milieu ; ainsi peut-on s'expliquer
que partout ailleurs que dans son pays d'origine, le
régime parlementaire le cède tellement en prestige
et autorité au régime parlementaire anglais.

Il était inévitable que toutes les imitations du gouvernement anglais ne fussent pas très fidèles, et que
tel ou tel de ses caractères s'atténuât, presque jusqu'à s'effacer ; que dans des conditions qui n'étaient
pas les mêmes ici et là et qui nulle part n'étaient les
mêmes qu'en Angleterre, les ministres ne fussent
plus, en théorie ou en pratique, en droit ou en fait,
ici que les hommes du chef de l'Etat, là les hommes
du Parlement, qu'ils constituassent ailleurs un corps
investi de pouvoirs exagérés, et qu'il y eût ainsi un
simili-parlementarisme prussien, et un parlementa-

risme français et espagnol, dont aucun ne fût le régime parlementaire anglais.

En Prusse, les ministres ne sont que les hommes du roi. « Le roi règne et gouverne, dirige la politique, choisit ses ministres et les congédie; au-dessous de lui, pas de conseil homogène et solidaire..... Interprètes de la pensée personnelle du roi, les ministres ne relèvent que de lui; dès qu'ils ont sa confiance, celle des Chambres leur est inutile; elles n'ont pas prise sur leurs personnes, et il n'entre dans leur compétence politique ni de les désigner, ni de les renvoyer; elles n'ont à se prononcer que sur leurs actes » [1].

Quoique s'efforçant en théorie de reproduire le système anglais, le régime parlementaire français, dans ses pratiques courantes, paraît s'être notablement faussé à raison de l'influence parfois excessive manifestée chez nous par le Parlement [2].

Mais c'est en Espagne que le régime parlementaire ou de cabinet subit sa déformation la plus sensible. C'est à dessein que, pour désigner le régime auquel l'Espagne est soumise, nous employons les deux termes *parlementaire* et *cabinet*; ces deux termes, en effet, se complètent l'un l'autre, le premier exprimant ce que le gouvernement devrait être et le

---

(1) Emile Ollivier. — *Revue des Deux-Mondes* du 15 juin 1900. Le roi Guillaume de Prusse.

(2) Voir Ch. Benoist. La Réforme parlementaire. Paris 1902.

second ce qu'il est en réalité, car le pouvoir exécutif représenté surtout par le cabinet arrive en fait à exercer presque toutes les fonctions ressortissant aux autres pouvoirs, ne trouvant aucun contre-poids à son autorité dans des Chambres domestiquées.

Nulle part on ne voit aussi bien que dans le régime parlementaire espagnol la différence qu'il y a entre la théorie et la pratique. Vainement les législateurs de 1876 ont ils énuméré les pouvoirs du roi, lui ont-ils confié le soin de nommer les ministres, et, par la façon minutieuse dont ils ont réglementé les élections, essayé d'assurer la sincérité de celles-ci, de façon à ce que la nation, par l'intermédiaire de ses représentants, pouvoir législatif, pût, tout comme en Angleterre, échanger ses vues avec le pouvoir exécutif grâce aux ministres issus du Parlement et responsables devant lui ; bien rarement les faits ont répondu dans la pratique aux désirs manifestés par le texte ou par l'esprit de la Constitution de 1876.

SECTION I

Pouvoirs réels du Roi

Il ne faut pas se laisser illusionner par l'énumération de toutes les prérogatives royales que nous avons indiquées plus haut. De toutes les prérogatives, en effet, dont la Constitution attribue l'exercice au souverain, la seule qu'il exerce de façon directe et per-

sonnelle est, avec le droit qu'il a de dissoudre les
Chambres, la nomination et la dissolution du ministère, et, encore, là aussi son pouvoir rencontre-t-il
certaines limites ; mais, de cela, nous n'avons pas
trop à nous étonner, puisque dans le pays même
dont le gouvernement parlementaire a servi de modèle à celui des autres nations, il est bien établi que
le roi règne mais ne gouverne pas.

Même en Angleterre où, en théorie, on accorde à
la Couronne une liberté illimitée en ce qui touche la
nomination des ministres, le roi est obligé dans la
pratique de choisir ses députés dans le sein de la
majorité et plus spécialement dans la Chambre des
Communes, et on ne lui reconnaît pas dans la réalité
le droit d'exclure ou d'admettre dans le Cabinet un
membre proposé ou mal vu par le Parlement. Cette
limitation du choix du monarque non seulement
parmi les membres de la majorité parlementaire,
mais encore parmi les membres agréés par cette
majorité, s'explique par le caractère du cabinet qui
doit être une délégation du pouvoir législatif, ser-
vant de trait d'union entre ce pouvoir et le pouvoir
exécutif.

Mais en dépit de quelques limites qu'elle peut rencontrer, l'initiative laissée par la Constitution de 1876
au chef de l'Etat, en ce qui concerne la solution des
crises, n'en reste pas moins pour le roi une attribution très importante, surtout en Espagne, comme nous
le démontrerons dans la suite. Il existe une relation

si intime entre le droit qu'a le roi de nommer et de dissoudre le ministère et le droit que lui reconnaît la Constitution de convoquer et de dissoudre le Parlement qu'on peut dire que ces deux droits constituent une même prérogative. Si le pouvoir de dissoudre les chambres est la prérogative la plus importante que possède la Couronne, c'est aussi celle dont l'exercice présente le plus de dangers, d'autant plus qu'elle n'est pas limitée, ainsi qu'il est exigé en France et aux Etats-Unis par le consentement préalable du Sénat.

Le roi n'exerce guère dans la pratique le droit d'initiative que la Constitution lui reconnaît en matière législative. Peut-être les législateurs de 1876 ont-ils accordé ce droit au chef de l'Etat en se fondant sur ce que le roi, par sa position en dehors de tous les partis, se trouvait dans les conditions les meilleures pour connaître les réformes et les lois susceptibles de donner satisfaction aux nécessités nationales. Certainement le roi est mieux placé que tout autre pour mettre en branle et appuyer de sa haute autorité certaines réformes qui apparaissent comme nécessaires pour le bien de l'Espagne, mais qu'on élude et retarde parce que, en mettant fin à certaines pratiques traditionnelles, elles heurteraient du même coup les intérêts les plus divers : malheureusement l'initiative du monarque se manifeste bien rarement pour ne pas dire jamais. Le roi sanctionne et promulgue toujours les lois votées par les Cham-

11

bres; quant à son droit de veto absolu imité des institutions coutumières anglaises, il n'en fait jamais usage, tout comme en Angleterre d'ailleurs où le roi ne l'a plus exercé depuis 1707, et où la sanction est par suite une pure formalité préalable à la promulgation.

Une autre des prérogatives accordées au roi par la Constitution est celle de nommer aux emplois administratifs ; mais est-il vrai que ce soit là, comme certains l'ont prétendu, le moyen d'éviter l'admission d'incapables dans les administrations, en même temps que le favoritisme des partis au pouvoir? Le roi n'est certainement pas dans les conditions voulues pour pouvoir apprécier la capacité des personnes nommées, et il ne saurait, sans provoquer une crise, refuser sa signature aux nominations que lui présentent les ministres; aussi est-il souvent obligé de signer la nomination de personnes notoirement incapables. Le meilleur moyen d'éviter cet inconvénient serait une bonne loi sur les fonctionnaires, déterminant en même temps que leur situation d'une façon générale les conditions de leur admission et de leur avancement. Mais un gouvernement parlementaire comme celui qui est en Espagne se résoudra bien difficilement à une réforme qui le priverait des moyens d'obtenir et de garder une majorité tout-à-fait à sa dévotion.

Que dire des pouvoirs confiés au roi par la Constitution de 1876, en ce qui concerne la direction de la politique extérieure? Lorsqu'on discute sur le point

de savoir si le gouvernement de Cabinet a d'heureux
effets en ce qui touche à la politique extérieure d'une
nation, on rencontre d'ordinaire deux opinions opposées : l'une soutient que le gouvernement de Cabinet
ne saurait s'accorder avec l'unité de direction qui
s'impose pour la conduite de la politique extérieure
d'une nation ; or, le chef de l'Etat à qui la Constitution
confie plus particulièrement la direction suprême
quant aux questions de politique extérieure, n'a pas
la liberté d'action nécessaire puisqu'il est obligé de
soumettre ses idées et ses plans au conseil des ministres, qu'il doit agir toujours d'accord avec les
ministres responsables, sans se séparer du Parle-
lement et de l'opinion publique. La seconde opinion
prétend que le chef de l'Etat jouit d'une liberté trop
grande en ce qui concerne la direction de la politique
extérieure, parce que cette dernière affecte d'une façon
si intime les intérêts généraux de tous, que c'est à la
nation qu'il devrait appartenir directement d'en décider. A chacune de ces deux opinions, la Constitution
espagnole s'efforce de donner satisfaction. D'une part,
elle permet au roi de déclarer la guerre, de faire et de
ratifier la paix, de diriger les relations diplomatiques
avec les autres puissances ; mais elle restreint, d'autre part, l'exercice de ces prérogatives en exigeant
que le roi soit autorisé par une loi spéciale pour pouvoir augmenter, aliéner, céder ou échanger une partie
quelconque du territoire espagnol, pour y admettre
des troupes et pour ratifier les traités d'alliance, et,

en outre, conséquence du gouvernement de Cabinet,
le chef de l'Etat doit soumettre sa propre opinion aux
ministres — en fait, c'est l'opinion de ces derniers qui
l'emportera presque toujours — lesquels ministres
sont à leur tour responsables devant les Chambres. Il
semble que ces relations de dépendance viennent
accorder parfaitement les deux opinions plus haut
citées : celle qui voudrait pour la politique extérieure
une gestion unique et irresponsable et celle qui désire-
rait voir dans cette même politique intervenir le pays ;
mais il faudrait pour cela que les Chambres fussent
toujours l'expression exacte de l'opinion publique, et
que le Cabinet reflétât toujours exactement les sentiments qui dominent dans les Chambres ; or la pratique des élections qui entraine à sa suite la déformation de la fonction de l'élu et aussi de la fonction
des partis, c'est-à-dire la corruption de tout le régime
parlementaire, empêche dans la réalité l'existence de
l'une et l'autre de ces deux conditions.

Section II

La pratique des élections

Le fondement essentiel du régime parlementaire,
la pierre angulaire sur laquelle s'élève tout l'édifice
de la représentation nationale, est le droit de vote
pour les citoyens et la fonction de l'élu ; si ce droit
n'est pas exercé de façon normale, si cette fonction

est limitée au profit de quelques intérêts particuliers,
le Parlement ne pourra plus remplir son rôle qui
est de refléter les opinions diverses qui s'entrecroi-
sent dans l'organisme social.

Il est démontré que dans tous les pays où le régime
parlementaire est en vigueur, le droit de vote et la
fonction de l'élu constituent désormais deux rouages
plus ou moins faussés et dont la déformation même
engendre les maux du parlementarisme. En dépo-
sant son vote, l'électeur a trop souvent en vue son
propre intérêt ; comme le dit M. Azcárate [1], s'il a à
choisir, à propos d'une élection au Parlement, entre
un candidat qui lui a promis un emploi ou seulement
une route qui traversera son fonds, et un autre qui
s'engage simplement à redresser les injustices et
à s'intéresser aux intérêts généraux, il trouvera généralement tout naturel de voter pour le premier ; la
faute en est à la nature humaine et à l'égoïsme qui
est le mobile principal de nos actions. L'expérience
démontre, d'autre part, que le candidat élu ne voit
le plus souvent dans le mandat qu'il convoite que
les avantages matériels qu'il pourra en retirer ; son
siège de député lui permettra d'atteindre plus aisé-
ment aux emplois les plus élevés de l'administration ;
ou bien il est surtout heureux de sentir sa vanité
agréablement caressée par le succès de son élection.
Combien peu en demandant leurs suffrages aux élec-

(1) El régimen parlamentario en la practica, p. 57.

teurs, se promettent de se consacrer au bien général
du pays. Du moment que l'intérêt personnel l'emporte
sur les principes, il s'ensuit nécessairement que les
députés, enchaînés à des intérêts de clocher, soumis
au tyrannique patronat de leurs électeurs, et agents
d'affaires de ceux-ci, avant d'être les représentants
de la nation, se voient dans l'obligation de fréquentèr,
plus encore que les Chambres, les antichambres des
ministres.

Mais les maux du parlementarisme, déjà grands
dans certains pays, prennent, en Espagne, une gravité
toute particulière, car, aux inconvénients que nous
avons brièvement signalés s'ajoute l'état d'âme d'une
nation au sein de laquelle, lors de l'introduction du
régime représentatif, plusieurs siècles de la tyrannie
la plus absolue avaient fini par engendrer dans la
masse du peuple l'indifférence pour la chose publique.

« En Espagne, certaines personnes croient bien
aux miracles, aux apparitions des saints et aux apô-
tres; aucune ne croit à la sincérité des élections [1]. »
On ne peut pas y concevoir qu'un parti étant au pouvoir soit battu dans les élections, comme le fait s'est
produit en Angleterre ; mais on ne réfléchit pas
qu'en Angleterre, le pouvoir exécutif, à raison de
l'organisation spéciale donnée à l'administration,
n'a pas de moyens d'influer de façon directe et

(1) Figueroa y Torres. — El régimen parlamentario. Madrid
1866, p. 44.

vigoureuse sur le corps électoral, et est privé de
l'arme principale qui lui permettrait de violenter la
volonté des électeurs, puisque l'administration, suivant le mot de Castelar, « est l'arme maniée par les
gouvernements pour déformer la volonté du corps
électoral ».

Malheureusement pour l'Espagne, cette arme est
entre les mains du ministère et plus particulièrement du ministre de l'intérieur, et cette phrase
de Castelar, éloquente dans sa simplicité, au sujet
des élections, en dit long sur les mœurs électorales espagnoles : « Chaque élection, dit-il, est un
malheur, chaque réunion électorale un marché;
chaque électeur un esclave; chaque ministre un
sultan; chaque candidat un fomenteur de l'immora-
lité publique, et chaque procès-verbal d'élection un
modèle d'ignominie. »

Il est établi que c'est le ministre de l'intérieur qui
fait les élections. La façon dont est rendue la justice,
l'arbitraire administratif, la centralisation excessive,
l'habitude de la résignation dans le peuple, fournis-
sent au gouvernement des pouvoirs plus étendus
qu'en tout autre pays [1]. A l'approche des élections, il
peut changer à son gré juges, gouverneurs, alcades;
dissoudre, pour des motifs qu'il inventera au besoin, les municipalités ou les conseils généraux;

---

(1) V. Azcàrate. *Op. Cit.* El Sr Marqués de Riscal : *Feudalismo y Democracia*. Madrid 1880.

selon son bon plaisir, les recours administratifs ver-
ront leur solution retardée ou hâtée, et suivant qu'il
en aura ainsi décidé, cette solution sera favorable ou
contraire; il saura, si c'est nécessaire, faire fermer les
yeux sur les contributions en retard, ou fera impé-
rieusement exiger leur rentrée, et la nécessité de travaux d'utilité publique sera encore pour lui un moyen
d'agir efficacement sur tel ou tel *ayuntamiento*. La
pression administrative s'annonce-t-elle insuffisante,
on usera, s'il le faut, de violences, au besoin on falsi-
fiera le scrutin après avoir auparavant éliminé arbitrairement des listes les électeurs opposants; le bulletin de vote devient pour les membres des bureaux
électoraux un véritable jouet qu'ils font manœuvrer à
leur guise.

On peut affirmer que, d'une façon générale, la lutte
électorale n'est pas, en Espagne, une lutte de votes
contre votes, mais une lutte de... falsifications, *fal-
sificaciones*. Qui pourra falsifier, *simular*, le plus de
procès-verbaux, le plus de listes électorales, et surtout qui pourra le faire le plus impunément sera celui qui aura le plus de chances de succès [1].

(1) Voici, à titre de document, pour qu'on puisse se rendre bien
compte de ce que peuvent être quelques élections, le sommaire
d'un discours prononcé par un candidat à la députation devant la
« Comision de actos » du Congrès :
« Merveilles du caciquisme — Progrès réalisés de nos jours
pour faire les élections. — Découverte d'un système efficace pour
éliminer les concurrents, et sûr pour obtenir l'unanimité. — Fal_
sification de deux mille signatures, c'est-à-dire de tout le Cens

Si en Angleterre, écrit M. Posada ', une des causes qui provoquèrent l'agitation réformiste de 1832
fut l'existence de bourgs *pourris*, quelle agitation ne
serait pas justifiée chez nous et quelle agitation n'y
aurait-il pas, s'il existait réellement dans la nation
un esprit politique un tant soit peu actif ». La majorité en effet des districts électoraux sont en Espagne des districts *pourris*. Le ministère dispose
d'eux au moyen de candidatures *officielles ;* et nous

pour la nomination des assesseurs. — Les morts garantissent
toutes ces signatures. — Le propre père du candidat signe pour
les personnes proposées par le candidat qui se présente contre son
fils. — Résurrection de plus de 700 morts, qui tous apprirent à
écrire depuis leur voyage dans l'autre monde, et qui signent pour
le candidat ministériel. — Admission de 2.000 signatures présentées pour un inconnu et garanties par des morts. — Annula-
tion de 700 signatures authentiques. — La Commission d'inspection du cens déclare valables plus de signatures que le cens ou le
nombre de suffrages obtenus par les assesseurs ne le comportait.
— Constitution illégale de deux Conseils municipaux et de huit
bureaux électoraux sur douze qu'a le district. — Falsification du
cens gardé dans les archives de la députation provinciale. — Ont
voté plus de 253 morts dont on produit les certificats de décès. —
Procès-verbaux des élections qui mettent autant de temps pour
arriver à Madrid qu'ils en mettraient pour aller en Amérique. —
Production d'un certificat notoirement faux délivré par le gouverneur. — Suspension illégale par le gouverneur d'une décision de
la Commission provinciale déclarant valable l'élection d'un Conseil
municipal, et révocation postérieure de cette décision pour maintenir un Conseil municipal illégalement élu. — Enfin, digne cou-
ronnement de toutes ces manœuvres, disparition, dans la Commi-
sion du Censo, de toutes les propositions d'assesseurs lorsqu'elles
furent réclamées par le Congrès. »
    Posada. *Estudios parlamentarios. La corrupción electoral,*
p. 29.

    (1) Posada. Estudios parlamentarios, pp. 32 et 33.

disons *officielles* et non *ministérielles*, parce que,
pour avoir le caractère de candidat officiel, point
n'est besoin que le candidat combatte ou promette de
combattre ouvertement dans les rangs de la majorité. Une pratique constante en Espagne, et aucun
Espagnol ne songerait à nier l'exactitude de ce fait
qu'un membre des Cortès nous a lui-même confirmé,
c'est, préalablement aux élections, l'entente qui s'établit entre le parti au pouvoir et l'opposition : tant
de sièges seront attribués à des candidats acquis au
gouvernement, tant à l'opposition. Aussi dans la plupart des districts électoraux n'y a-t-il qu'un simu-
lacre d'élection ; il n'y a réellement lutte que dans les
grands centres tels que Barcelone, Madrid, Valence,
Saragosse, etc... On en est arrivé au point de ne
même plus songer à sauvegarder les apparences.
Presque toujours on voit dans les journaux la désignation en quelque sorte solennelle du candidat pour
un district vacant, et tout le monde sait ce que cette
désignation signifie ; dans les districts, elle est atten-
due avec la même résignation et indifférence avec
lesquelles on accueillerait la nomination d'un fonctionnaire quelconque. On peut être certain qu'avant
l'élection, le terrain sera préparé, que tout obstacle
qu'elle pourrait rencontrer sera enlevé ; si les gouvernements et les *caciques* ne suffisaient pas par
hasard à cette tâche, et qu'un obstacle demeurât malgré tout, pour en venir à bout on fera l'impossible,
c'est-à-dire « on fera que le blanc soit noir et que le

noir soit blanc » [1]. Mais d'ordinaire, le cacique aura fait le nécessaire. En Espagne, où il n'y a pas de force électorale organisée pour la lutte, comme nos *comités* par exemple, le cacique est, à lui seul, l'équivalent de ceux-ci. Le cacique, politique de clocher, véritable potentat dans son village, est d'ordinaire un homme intelligent très audacieux et que n'embarrassent pas les scrupules, qui est assuré de l'appui du gouverneur ou du ministre. Avec cette aide, grâce à la centralisation administrative et à l'infinité d'expédients dont dispose un pouvoir exécutif absorbant, le cacique arrive à s'attribuer une telle influence, que, seul, un cacique concurrent, comptant sur les mêmes appuis, pourra arriver à le vaincre si un changement de politique se produit. La lutte électorale se réduit le plus souvent à une lutte de caciques, et le député, qui est directement leur obligé, est nécessairement le serviteur de semblables tyranneaux.

« En Espagne, il y a des caciques de toute catégorie, et ils forment pour les nécessités du *service* un système parfaitement ordonné qui a son assiette dans les villages, domine la vie locale des conseils municipaux, gagne le chef-lieu, s'appuie sur les députations provinciales et sur le gouverneur de la province, et enfin a son centre dynamique à Madrid, ou pour mieux dire au Parlement, ou mieux encore au ministère. Pour le cacique, il n'y a pas de lois ; ses argu-

(1) Posada. Estudios... El caciquismo, p. 33.

ments sont toujours excellents ; rien ne doit lui être
refusé ; l'administration publique avec son chaos de
dispositions contradictoires lui donnera toujours raison, l'administration de la justice... également » [1].
« Si on étudie le type odieux du cacique, on voit que
c'est lui surtout qui tire profit de la politique en la
viciant dans ses manifestations ; ses auxiliaires
directs sont peu nombreux, mais presque tous ceux
qui l'entourent le favorisent par l'inertie dont ils font
preuve. Le cacique fait de la politique une industrie
dont les autres lui abandonnent l'exploitation ; le
développement du caciquisme suffit à prouver combien la vie politique existe peu pour les Espagnols [2] ».
La présence au ministère de l'intérieur de M. Maura
dans le cabinet Silvela manifesta en 1903 un coura-
geux essai pour donner aux élections le caractère de
sincérité qui leur avait toujours fait défaut. M. Maura
déclara répudier toute pression administrative et
prétendit observer une stricte neutralité. Mais les
anciennes mœurs politiques étaient trop profondément enracinées pour se laisser abattre ainsi tout à
coup, et l'opinion générale jugea paradoxale la conduite d'un ministre espagnol, qui, chargé de faire les
élections, avait prétendu les laisser faire toutes
seules [3] ». Certains prétendent que la Cour ne fut pas

(1) Posada. Estudios... p. 39.

(2) J. Piernas y Hurtado. La vida politica en España. La Administracion, 1895.

(3) M. Maura. Revue de Paris, 1904-05.

fâchée d'avoir à remplacer à quelque temps de là le Cabinet Silvela et de voir ainsi la *gobernacion* abandonnée par M. Maura dont on redoutait les expériences vertueuses à l'approche des élections municipales.

Au lieu de constituer un nouveau progrès vers la sincérité des élections. les récentes élections législatives de septembre 1905 semblent, en dépit des affirmations de neutralité prodiguées par M. Montero Rios, alors président du Conseil, avoir plutôt marqué un retour aux anciennes pratiques. « Ce qui a permis pour ces élections législatives aux gouverneurs de province dont les allées et venues auprès de Garcia, le ministre de l'intérieur, se sont si fréquemment répétées, d'agir avec plus d'efficacité sur les municipalités, c'est l'approche des élections municipales de novembre. Beaucoup d'alcades ont cédé pour être appuyés à ces élections par le gouverneur et avoir ainsi quelques chances de conserver en même temps que leur office les profits indirects qui y sont attachés[1]. » Dans le district de San Clemente (Cuenca), rapportait « la Epoca[2] », il arrive des choses extraordinaires. Par un faux, on a déclaré démissionnaires les alcades de Canete et de San Clemente, puis sans examiner la validité des documents, on a procédé immédiatement à la nomination d'autres alca-

(1) *Diaro de Barcelona*, 12 août 1905.
(2) *La Epoca*, 18 août 1905.

des. Ceci se passe de commentaires. » Nous ne citerons pas les faits de fraude électorale relevés par
nous en très grand nombre ; les procédés de fraude
en matière d'élection sont en effet à peu près les
mêmes partout, et l'ingéniosité des fraudeurs s'est
donnée assez souvent carrière dans notre propre pays
pour que nous nous dispensions d'insister ; à cet
égard vraiment il n'y a plus de Pyrénées. Au lendemain des élections, toute une partie de la presse
espagnole portait sur elles l'appréciation suivante :
« Les districts ont été abandonnés à la merci des
gouverneurs ; ceux-ci ont agi, ou suivant leur caprice
ou dans l'intérêt de personnalités déterminées, renouvelant les procédés électoraux habituels, appelant les
alcades pour exiger leur démission, lançant sur les
districts des nuées de délégués, altérant la composition des ayuntamientos, menaçant les uns, exerçant
une pression sur les autres, en arrivant à mêler la
garde civile à la lutte électorale. Le ministre de la
justice a manqué de fermeté à l'égard des fonctionnaires de l'ordre judiciaire ; au lieu de se désinté-
resser de la lutte électorale, les juges ont souvent usé
de moyens de pression, de violences et de menaces
envers les citoyens ' ». Enfin M. Garcia Alix, ancien
ministre des finances, aurait laissé échapper les propos
suivants : « Ce qui s'est passé aux dernières élections
est honteux. Entre M. Montero Rios et Maura, il y

(1) *La Epoca*, 11 septembre 1905.

a eu sans doute un accord, comme les faits l'ont démontré. Les gouverneurs au lieu de contenir les passions se sont mis à leur service ; la Catalogne, Madrid, Valence, Jerez, Almeria, Salamanca, Estremadura en donnent les preuves [1]. »

Avec de telles habitudes, on comprend qu'en Espagne le résultat des élections ait peu de valeur aux yeux du pays. On ne se souvient pas que jamais une opposition l'ait emporté aux élections, constamment la majorité a été acquise au ministère. Celui-ci commit autrefois la maladresse d'amener parfois des Chambres unanimes, mais plus avisé aujourd'hui, il veille lui-même à ce que toutes les opinions y soient représentées.

Le nombre des condamnations pour délits électoraux est très restreint [2], et il est très rare qu'une invalidation soit prononcée, la majorité se montrant trop complaisante à l'égard des élus qui lui appartiennent, pour ne pas en user de même à l'égard des députés de la minorité. Comment les membres

(1) Propos rapportés dans *El Liberal*. — 18 septembre 1905.

(2) M. Posada, dans ses Estudios parlamentarios, cite les chiffres de deux *Audiencias* situées, l'une au Nord, l'autre au Midi de l'Espagne. Devant celle du Nord, sept actions furent intentées, de 1884 à 1891, pour faits électoraux; une seule aboutit à une condamnation, les six autres ayant été abandonnées. Devant l'audience du Midi, dans le même espace de temps, vingt-une actions furent intentées; sur ce nombre, huit furent définitivement abandonnées, sept le furent provisoirement, trois aboutirent à un acquittement : il n'y eut pas une seule condamnation ; trois autres étaient encore pendantes en 1891. Posada, *op. cit.*, p. 34.

de l'opposition pourraient-ils protester efficacement contre les scandales commis aux élections, alors que leur nomination est entachée du même vice d'origine? Ainsi profanées par les gouvernements et les partis, les formes les plus sacrées de la liberté politique perdent le respect des masses et ne sont plus regardées que comme de vaines et menteuses cérémonies. Il n'y a pas lieu, dès lors, de s'étonner si, en Espagne, la grande masse du pays demeure, non pas hésitante entre deux partis, mais absolument indifférente et separée de la vie politique, à tel point qu'il n'y a guère que le quinzième des électeurs qui fasse usage de son droit de vote [1].

SECTION III

Déformation de la fonction de l'élu.

On ne peut dire que les députés envoyés aux Chambres dans de telles conditions soient les élus de l'Espagne, les représentants de la nation, n'ayant derrière eux ni partis nationaux, ni convictions traditionnelles, même pas le plus souvent de comités locaux, et ces politiciens ont bien plutôt, pour la plupart, l'allure de fonctionnaires favorisés auxquels leur nomination par le ministère régnant serait venu

(1) A Madrid, aux dernières élections municipales du 14 novembre 1905, 15 p. 100 à peine des électeurs ont pris part au scrutin.

assurer, en même temps qu'une existence heureuse,
un emploi qui, bien exploité, peut être une magnifique
occasion d'obtenir ce qu'on ne retirerait pas à coup
sûr d'un travail désintéressé et pénible : une position
sociale, le pouvoir, l'impunité, etc., etc.·

Etant donné la subordination qui existe dans la
pratique entre le pouvoir législatif et le pouvoir
exécutif, on voit immédiatement ce que va devenir
la fonction politique et de haute tutelle sur ce dernier pouvoir, que le texte de la Constitution semblait
vouloir confier aux Chambres. Suivant l'esprit et le
texte de la Constitution, les ministres choisis par le
roi dans la majorité parlementaire sont responsables
de leurs actes devant les Chambres, qui doivent leur
refuser toute confiance chaque fois qu'ils méconnaî-
tront dans leurs actes l'opinion politique du pays.
Mais nous avons vu comment, dans la pratique, les
Chambres sont le produit de la volonté du pouvoir
exécutif; dès lors, celui-ci peut exercer sur les Chambres une influence telle qu'il est toujours sûr d'y
avoir la majorité. Il est évident que le Parlement
pourrait refuser sa confiance au Cabinet, mais, en
réalité, cela ne se produira pas, sauf de bien rares
exceptions, pour la bonne raison que, la majorité
représentant le parti à la tête duquel est le président
du Conseil, les parlementaires se conformeront doci-
lement à la volonté et aux désirs manifestés par le
ministère : 1° par devoir d'obéissance ; 2° guidés qu'ils
seront par l'instinct de leur propre conservation. Dans

les plus graves questions, si, par hasard, un député demande que la lumière se fasse et que le ministère refuse de répondre, la minorité s'indigne à grand bruit ; mais pour elle, en somme, il s'agit bien plus de faire parade d'éloquence que d'obtenir des explications. Chacun songe avant tout à ses intérêts privés : des places pour les parents, les amis ou les électeurs influents [1], des passe-droits dans l'expédition des affaires, des honneurs, voilà ce qu'on ambitionne surtout, et le ministre s'efforce par sa libéralité de conserver une majorité obéissante.

Si la fonction politique et de tutelle sur le pouvoir exécutif que la Constitution attribuait aux Chambres est profondément déformée dans la pratique, la fonction législative de ces mêmes Chambres ne l'est pas moins. La loi, en effet, au lieu d'être toujours et avant tout l'expression de la volonté de la nation, se trouve réduite, à raison de la dépendance dans laquelle le pouvoir législatif se trouve vis-à-vis de l'exécutif, à être seulement l'expression de la volonté du cabinet. Tout député et sénateur a bien le droit de présenter la proposition de loi qui lui paraît la meilleure ; mais comme toute proposition de loi pour être discutée doit être approuvée auparavant par la commission correspondante, et comme dans ces commissions la majorité est toujours l'expression de

(1) Ce qui se traduit en espagnol par l'expression *cultivar el distrito*, nous dirions chez nous *soigner son élection*.

la volonté du cabinet, il en résulte qu'elles n'accordent leur approbation qu'aux projets voulus par le gouvernement. « Est-ce pour une assemblée exercer véritablement le pouvoir législatif que voter, le plus souvent sans la moindre modification, les lois faites par le cabinet ? Sans doute ces projets de loi sont combattus et discutés, mais cela précisément dans le but de faire le jeu du cabinet ; d'avance le résultat est connu de tous, on sait que la majorité, écho fidèle du ministère, donnera toujours raison à celui-ci » [1].

Les parlementaires espagnols ayant coutume, pour la plupart, de faire passer leur propre intérêt avant l'intérêt général, les intrigues de palais amènent la rapide succession des ministères pour satisfaire les visées ambitieuses de tel ou tel, et cette instabilité ministérielle influe de façon déplorable sur la fonction économique qu'il appartient aux Chambres d'exercer, constituant un obstacle presque insurmontable à la réalisation de réformes pourtant indispensables. La statistique suivante est trop édifiante pour permettre de garder le moindre doute à cet égard [2].

Entre le 15 janvier 1834 et le mois d'octobre 1886, 78 ministères et 450 ministres se sont succédés en

(1) Figueroa y Torres, *op. cit. El poder legislativo*, p. 59.

(2) Figueroa y Torres. — La majorité des chiffres cités est elle-même empruntée à un article paru dans le journal *El Progreso*.

Espagne. Si on tient compte pour une même personne des différentes circonstances qui l'ont appelée
à un ministère, et si l'on compte les ministres et ministères provisoires *interinos*, on arrive à un total de
923 ministres que l'Espagne aurait vu passer en
52 ans. Si on divise ce laps de temps par le nombre
de ministères successifs, on constate que chacun de
ceux-ci est resté au pouvoir huit mois en moyenne,
et si on répartit dans ces 52 années les 450 ministres
dont nous avons parlé, on s'aperçoit que chaque
année a vu passer en moyenne plus de huit ministres
nouveaux.

La durée de la plupart de ces ministères a été très
brève, et aucun n'a pu vivre plus de trois ans. En
1843, il y eut six ministères et dans les années 1846,
1847, 1854, 1864, 1868 et 1871, quatre ministères
différents se partagèrent l'année. En 1873, il y en eut
six et cinq en 1874.

Entrant un peu plus dans le détail, si nous envisa-
geons isolément chaque département ministériel, nous
voyons qu'il y a eu en Espagne depuis la mort de
Ferdinand VII jusqu'en 1886, 78 présidents du Conseil des ministres, nombre qui s'élève à 85 si on fait
état des présidents *interinos*, soit en moyenne un
président chaque huit mois.

Au ministère *de Estado* il y a eu dans le même
espace de temps, 141 ministres, ce qui donne un
terme moyen de 2,7 ministres par an ; au ministère
de la guerre, 183 ministres, soit 3,6 ministres par an.

Durant la même période, 118 ministres passaient au ministère des finances ou annuellement en moyenne 2.2 ministres. Au ministère de l'intérieur, c'est 130 ministres qui se succédaient durant ces 52 années, ce qui donne un terme moyen de 2,5 ministres par an ; au ministère de la justice, 120 ministres ou 2,3 ministres par année ; enfin au ministère du Fomento, créé en mars 1847, 84 ministres passèrent entre 1847 et 1887, donnant une moyenne annuelle de 2,1 ministres.

On pourrait reprocher à cette statistique d'être trop ancienne ; mais le nombre de ministères qui se sont succédés au pouvoir ces dernières années ne le cède en rien, bien au contraire, aux chiffres que nous venons de donner. Entre le 8 janvier 1903, époque à laquelle M. Silvela remplaça au pouvoir M. Sagasta, et le 2 décembre 1905, date où M. Moret, le président actuel du conseil, a remplacé M. Montero Rios, c'est-à-dire dans un laps de temps de trois ans environ, nous avons relevé l'existence de 8 ministères successifs, soit une durée moyenne pour chaque ministère de quatre mois et demi environ. Celui qui avait gardé le pouvoir le plus longtemps avait duré douze mois ; quant aux autres, l'un s'était maintenu pendant neuf mois, deux autres pendant cinq mois, l'un d'entre eux se voyait obligé de céder la place après trois mois de durée, tandis que l'existence de deux autres ministères se bornait à un mois environ. Espérons que

M. Moret, le président du conseil actuel, aura meilleure fortune que ses prédécesseurs [1].

L'état de désorganisation dans lequel se trouve l'administration en Espagne pourrait-il, dans ces conditions, étonner qui que ce soit ? Il est difficile à un gouvernement d'assurer le bien du pays, lorsque, pour réaliser ses plans, il ne peut compter que sur huit mois de vie, et l'histoire de l'administration en Espagne ressemble assez à la toile de Pénélope, chaque ministre défaisant dans le court espace de temps durant lequel il exerce sa charge ce qui avait constitué l'œuvre de son prédécesseur.

Etant donné une telle instabilité ministérielle, on ne peut non plus s'étonner de l'infécondité législative du Parlement espagnol ; c'est principalement le Cabinet qui prend l'initiative des lois ; or, les membres de ce Cabinet ne se soucieront guère de présenter des projets de loi traitant de réformes importantes, parce

(1) Le 8 janvier 1903 avènement du ministère Silvela. Le 19 septembre, démission de M. Silvela ; M. Villaverde est appelé à la présidence du conseil. Le 5 décembre, en présence de l'obstruction systématique qui lui est faite par le parti républicain, M. Villaverde cède la place à M. Maura ; le 14 décembre 1904, le cabinet Maura démissionne et, le 17 décembre, le général Azcarraga forme le nouveau cabinet. Mais, en présence des divergences entre les membres du cabinet, au sujet de la date de convocation des Cortès, le cabinet Azcarraga démissionne à son tour le 23 janvier 1905 ; M. Villaverde reprend donc la présidence du conseil le 26 janvier ; mais le 20 juin, sur un vote du Parlement, M. Villaverde se retire et M. Montero Rios forme le 23 juin le nouveau ministère ; il démissionne le 27 octobre, reconstitue le 1er novembre un nouveau cabinet, et s'efface enfin définitivement au début de décembre 1905, laissant M. Moret arriver au pouvoir.

qu'ils estimeront le plus souvent, non sans une apparence de raison, que c'est perdre son temps que préparer un projet de loi important, puisqu'on est assuré
que le peu de temps qu'on restera au pouvoir sera
tout-à-fait insuffisant pour discuter le projet et le
mettre à exécution.

Section IV

Déformation de la fonction des partis

Burke définit les partis « la réunion d'hommes qui
unissent leurs efforts pour réaliser le bien de la nation entendu suivant certains principes sur lesquels
ils se sont mis d'accord » ; ils représentent, dit Bluntschli, « des groupes sociaux librement formés, dont les
membres unis dans une communauté d'idées exercent une action commune. »

Il est évident que les partis n'ont pas leur siège
unique dans le Parlement ; étant des moyens de con-
denser l'opinion publique, pour que celle-ci exerce
une action sur la marche de l'Etat, ils doivent auparavant s'étendre dans tout le pays, enfonçant leurs
racines jusque dans les plus profondes couches sociales, mais se manifestant finalement dans le Parlement d'une façon ostensible. C'est par le Parlement
et par les partis que les divers courants qui se font
sentir dans l'Etat prennent corps et peuvent influer

chacun à sa façon et suivant son prestige et sa force sur la marche du gouvernement. « Les partis politiques, a dit Bluntschli, sont le produit et l'expression des divers courants de l'esprit public qui agitent la vie de la nation. » « La mission des partis politiques, confirmè Azcarate, est de définir l'opinion et de s'emparer d'elle, pour l'amener de l'état de pure conception à l'état d'efficace réalité[1]. »

Certes, il est manifeste que l'institution des partis traverse actuellement, dans les divers gouvernements représentatifs, une crise profonde. Dans la pratique, les partis au lieu d'être un moyen de faciliter la vie politique, de l'organiser dans le pays et dans le Parlement, sont souvent devenus un moyen d'exploiter la société et d'exercer une action absorbante égoïste et immorale. Aujourd'hui les groupes qu'on décore du nom de partis politiques sont une des causes les plus évidentes des troubles qui agitent l'Etat. C'est aux partis que, dans presque tous les pays, on doit un nombre exagéré de fonctionnaires, d'aspirants à tous les postes honorifiques et rétribués; à eux également on doit cette conception singulière du gouvernement qui apparait à certains comme un butin de guerre qu'on tâche de s'approprier pour le répartir ensuite à sa fantaisie (*the spoil system* des Etats-Unis); enfin ce n'est un secret pour personne que ce sont les partis

---

(1) Azcarate. *Estudios filosoficos : « Los partidos politicos ».* Madrid 1886, p. 17.

qui maintiennent et rendent nécessaires la caste des
politicians, comme on les appelle en Angleterre ; la
tyrannie des *Comités* en France et des *caciques* en
Espagne.

Mais du moins, en Angleterre, par exemple, et en
France quoique à un degré déjà moindre, l'action des
partis tend-elle à conquérir, au moment des élections,
les suffrages du corps électoral et à se concilier l'opinion publique. Peut-être y arrivent-ils parfois, aidés
par la crédulité des électeurs, ou bien grâce à des expédients plus ou moins avouables..., mais ce sur
quoi nous insistons particulièrement, c'est que, d'une
manière viciée ou corrompue, c'est possible, l'opinion du corps électoral sera toujours exprimée, la
campagne électorale étant une véritable manifestation
de l'opinion publique traduite ensuite plus ou moins
exactement au Parlement par les partis.

Il ne saurait en être de même en Espagne ; nous
avons tâché de montrer l'absence d'élections véritables à la base de tout le système parlementaire espagnol, le caractère essentiellement « bureaucratique »
des majorités et même des minorités. Pour ces raisons, le Parlement espagnol ne peut être l'expression
de l'opinion du pays, et les partis y donneront plus
que partout ailleurs l'exemple de l'égoïsme et du personnalisme le plus grand. Nous empruntons à un
auteur espagnol[1], l'esquisse suivante des partis au

(1) Piernas Hurtado. *La vida politica en España. La Administracion*, 1895-96.

Parlement espagnol : « Les partis comprennent trois classes de personnes : l'une, très réduite, comprend ceux qui considèrent comme un devoir de travailler pour le bien général et qui font passer avant tout le reste leurs convictions; l'autre est composée de ceux qui vont à la politique par goût, la troisième enfin, la plus nombreuse de beaucoup, comprend ceux qui font de la politique par intérêt, *politicos de oficio*.

Les parlementaires par convictions sont obligés de faire le sacrifice de leur repos et de leurs intérêts pour assurer le triomphe de leurs idées ; il faut qu'ils soient doués d'un esprit d'abnégation qu'on rencontre bien rarement, et d'un caractère solidement trempé, pour qu'ils ne finissent pas par se retirer en se déclarant vaincus, et en reconnaissant que le résultat de leur action est loin d'être proportionné à l'énormité de leur sacrifice et à l'effort par eux fourni.

Les parlementaires par goût, pour si peu qu'ils soient consciencieux, seront très vite écœurés par le spectacle des discussions misérables qui agitent les partis et finiront par se retirer également, ou bien gâtés par cette atmosphère corrompue et corruptrice, ils passeront dans la catégorie des politiques par intérêt.

Quant à ces derniers, *politicos de oficio*, ennemis déclarés du bien public, qui vont à la politique dans l'espoir d'y trouver des moyens d'existence, ou d'augmenter ceux qu'ils possèdent, ils entrent dans les divers partis et en sortent tour à tour, le soir

dans l'un, le lendemain matin dans le parti opposé,
les laissant et les prenant comme on ferait d'un outil
devenu inutile et qu'on change pour un autre plus
efficace ; comme ces gens-là sont les plus nombreux,
les plus actifs et les plus audacieux, ce sont eux qui
donnent à la vie politique espagnole le ton et le caractère déplorables qui la caractérisent ».

Les partis sont la manifestation du personnalisme
le plus grand, entendant par personnalisme la domi-
nation dans tel ou tel parti d'une ou plusieurs brillantes individualités dont on considère avant tout la
personnalité même, indépendamment des idées
qu'elles défendent ou des principes qu'elles symboli-
sent [1]. « Le fond des partis est formé de personnes
d'intelligence et d'instruction très moyennes. qui
n'ont souvent. pour appartenir à tel ou tel parti,
d'autre raison que leur intérêt personnel. la sympathie qu'elles éprouvent pour un homme politique
déterminé, les faveurs qu'elles pourront en obtenir,
parfois aussi des considérations de famille ou des
rancunes personnelles, de sorte qu'avant de les appeler conservateurs ou libéraux, républicains ou démocrates, il conviendrait de les appeler *Canovistos* ou
Sagastinos, *Castelarianos* ou *Zorillistas* » [2]. Ces

---

(1) Figueroa, *op. cit.* Azcárate. Estudios filosoficos. Posada,
Estudios parlamentarios.

(2) Partisans de Canovas ou de Sagasta, de Castelar ou de
Zorilla. Figueroa, *op. cit.*, Delos partidos politicos, p. 73.

minorités qui constituent le fond des partis n'ont d'autres idées et d'autres principes que ceux de leurs chefs qui deviennent de véritables dictateurs, n'admettant pour règle de conduite que la conception qui leur est propre et croyant n'être tenus à l'égard de leur parti que de l'obligation d'arriver au pouvoir le plus tôt possible et par tous les moyens et de ne le quitter qu'à la dernière extrémité.

Chaque parti traîne à sa suite tout un état-major de fonctionnaires et une armée d'employés à caser. Le fonctionnarisme, en effet, sévit plus encore chez nos voisins que chez nous, et les Espagnols, voyant dans les emplois publics la mine la plus accessible et la plus productive, se jettent sur ce riche filon avec la même rapacité que leurs ancêtres sur les mines du Mexique et du Pérou. L'instabilité à laquelle sont soumis les employés, qui résulte elle-même de l'instabilité ministérielle, n'est pas une des moindres causes de désordre. Menacés, en effet, d'être destitués au premier changement politique, se considérant par conséquent comme de passage et mesquinement appointés, les employés résistent difficilement à la tentation d'augmenter leur paie mensuelle. Ce sera d'abord une petite gratification acceptée pour activer une affaire, puis on en arrivera graduellement à falsifier dans les bureaux les documents et à expédier des marchandises qui n'ont pas payé les droits, quand on ne falsifie pas les valeurs publiques elles-

mêmes[1]. C'est cette troupe de gens en place qui constitue pour le gouvernement comme une garde préto-
rienne, et, au jour des élections,. saisissant contraste
avec l'indifférence générale, on voit donner avec ensemble la phalange bureaucratique qui fournit au
gouvernement son contingent le plus précieux de
votants.

A raison de la pratique des élections et de la
composition des Chambres, toute succession pacifi-
que et légale des partis au pouvoir devient impossible. Dénuée de tout prestige, la Chambre, comme
nous l'avons montré, ne saurait songer à jouer, en
Espagne, le rôle d'unique arbitre de l'existence du
cabinet, celui-ci, maître de la Chambre, ne peut en
effet que bien exceptionnellement être renversé par
elle. L'habitude de voir les avenues du pouvoir si
bien gardées et toutes élections tourner au profit du
gouvernement entraîne les hommes politiques aux

(1) En 1879, il se produisit en Espagne un scandale financier, la
Banque d'Espagne ayant présenté des factures contrefaites ; l'en-
quête révéla que les falsifications se commettaient à la direction
même de la dette. Interpellé le 19 juillet 1879, le ministre des
finances prononça ces mémorables paroles : Dans un pays où la
monnaie, les billets de banque, les documents particuliers mêmes
sont falsifiés, il n'est pas étonnant qu'on falsifie les valeurs publiques. On se rappelle le scandale qui tout récemment donna lieu
au Congreso à une interpellation du député républicain Soriano.
Plusieurs personnes, dont un parlementaire espagnol, avaient,
quoique porteurs nationaux, soustrait à l'estampille officielle et
au régime de l' « affidavit » un fort paquet d'Extérieure afin de
percevoir comme étrangers l'intégralité des coupons, et de ce fait
le Trésor espagnol avait été fraudé d'une trentaine de millions.

plus singulières théories constitutionnelles. Renonçant aux pratiques des pays étrangers, les Espagnols,
au lieu de compter sur une majorité parlementaire
pour obtenir le pouvoir, comptent sur le pouvoir
pour obtenir une majorité. A raison du peu de confiance qu'ils ont dans les élections, les partis, lorsqu'ils ne recourent pas, comme sous le règne d'Isabelle II, à l'agitation ou à la force ouverte, en appellent
à la prérogative royale « comme à la seule clé qui
puisse ouvrir au pays une issue légale et le faire sortir de l'impasse politique où l'enferme le gouvernement ». Quand la majorité et le gouvernement qu'elle
soutient sont en contradiction flagrante avec l'opinion du pays, le roi se tourne vers l'opposition qui
est souvent en infime minorité au Parlement ; à cette
minorité, il remet le gouvernement « la gobernacion »,
et du jour au lendemain, de nouvelles élections amènent au Parlement une majorité nouvelle. La plupart des hommes d'Etat se sont accoutumés en
Espagne à regarder les Chambres comme le produit
de l'administration et non le gouvernement comme
le produit des élections et des Cortès. Les partis semblent d'accord pour considérer la porte officielle du
pouvoir, la grande entrée des ministères comme inac-
cessible, d'accord pour monter aux affaires « par
escalade ou par une porte dérobée ». Faussant la
mission constitutionnelle du souverain, l'on recourt
à lui comme à une sorte de *Deus ex machina* qui
doit dénouer toutes les situations, trancher toutes
les difficultés.

SECTION V

Les partis au Parlement esgagnol depuis la Restauration de D. Alphonse XII jusqu'à nos jours [1].

§ I. — *Les partis jusqu'à 1899.*

Sitôt la Restauration effèctuée, le président du conseil, M. Canovas del Castillo, résolut de fonder, sous le nom de conservateurs libéraux, un grand parti de gouvernement ; mais il ne put enrôler sous sn bannière ni les moderados (monarchistes absolus) ni les carlistes malgré les concessions qu'il leur fit, et ces concessions mèmes mécontentèrent les *constitutionnels*. M. Sagasta, tout en adhérant sans réserve, màlgré un passé presque révolutionnaire, à la monarchie existante, devint le chef d'une oppposition qui, d'abord sourde, se précisa peu à peu. De plus, M. Alonzo Martinez et quelques conservateurs libéraux ne voulant pas approuver systématiquement les actes du Cabinet, se détachèrent des bataillons ministériels et formèrent le centre parlementaire ou se joignirent

(1) Nous avons emprunté principalement pour cette étude à divers quotidiens de la presse française et espagnole, dont notre bibliographie donne l'énumération, à la *Revue politique et parlementaire*, à la *Revue de Paris* et principalement à la *Revue Espagnole La Admınistracion (Chronique polit. et parl.* de M. Sanchez y Guerra.)

aux constitutionnels. En 1878, un acte parlementaire important signala la fin de la session des Chambres : les constitutionnels et les centralistes fusionnèrent et il n'y eut plus en face de la majorité conservatrice libérale qu'un parti libéral constitutionnel, comptant dans ses rangs MM. Sagasta, Alonzo Martinez, Vega y Armijo et deux partis antidynastiques, les carlistes et les républicains, que leur insuccès dans leur tentative d'établissement de la République laissait profondément affaiblis.

Après le passage à la présidence du Conseil du maréchal Martinez Campos, qui tomba pour avoir essayé de réaliser, étant au pouvoir, les promesses qu'il avait faites aux Cubains, il vint à la pensée de quelques constitutionnels de consulter M. Sagasta sur l'opportunité de la fusion des éléments libéraux dans un groupe de libéraux dynastiques. Cette idée ayant obtenu l'adhésion des chefs de ces éléments : MM. Alonzo Martinez, Vega y Armijo, Posada de Herrera et Martinez Campos, M. Sagasta fut. choisi en 1880 comme le leader de ce nouveau parti qui demanda : à l'intérieur, une interprétation moins étroite de la Constitution de 1876 et, aux colonies, la réalisation du programme Martinez Campos.

Ce fut le grand mérite de M. Canovas de n'avoir pas essayé de s'opposer à la formation de ce parti et d'avoir compris que du parti libéral dynastique dépendait peut-être le succès de la restauration. Le parti libéral venait bien à son heure pour moderniser

la monarchie et il devait y être poussé par les origines mêmes de M. Sagasta, « parti des confins de la
République et autrefois conspirateur contre le trône
d'Isabelle, ce qu'on ne lui permettait pas d'oublier » ;
aussi la gauche libérale allait-elle infuser dans les
vieilles racines nouées par M. Canovas une sève plus
vigoureuse et plus fraîche et amener la monarchie à
changer ses institutions de jadis contre des institutions plus en rapport avec les exigences des temps
modernes.

Après la mort de D. Alphonse XII, dès le 25 novembre 1885, sous la régence de la reine Marie Christine,
on vit se réaliser, grâce à la collaboration muette de
MM. Sagasta et Castelar, l'éclosion de la liberté
moderne. Les revendications libérales ayant cessé
d'être désormais le monopole des républicains, parti
d'opposition au régime, pour devenir le mot d'ordre
du parti libéral dynastique, le parti républicain se vit
pièce par pièce dépouillé de son programme à mesure
que le gouvernement cédait sur telle ou telle de ses
revendications. Aussi un moment vint où Castelar,
le chef du parti républicain, estima qu'il fallait, pour le
plus grand bien de la liberté, assurer la solidité de la
régence, et il s'efforça alors de transformer ses amis
en alliés fervents des ministères libéraux de la régente,
se séparant des républicains révolutionnaires pour
former le groupe des possibilistes. De même qu'il avait
dit aux siens, sans pouvoir se faire écouter : « Notre
République sera la formule de cette génération si

13

vous réussissez à la faire conservatrice », il dit,
s'adressant aux monarchistes : « Votre monarchie
sera la formule de cette génération si vous réussissez
à la faire démocratique[1]. » La suite sembla d'abord
lui donner raison : une loi du 20 avril 1888 rétablit
le jury, la liberté de conscience fut respectée malgré
la religion d'Etat, le mariage civil reçut la sanction
légale, le suffrage universel fut remis en vigueur par
la loi du 26 juin 1890 ; l'impersonnalité constitutionnelle de la régente sut enfin calmer les plus ombra-
geux. L'existence sous la Restauration de deux
grands partis, le parti de M. Canovas et le parti de
M. Sagasta, *partidos de turno*, c'est-à-dire occupant
tour à tour le pouvoir, avait donc produit d'heureux
effets, et, en 1895, M. Silvela pouvait, sans trop
s'écarter de la vérité, dépeindre aux Cortès la situation politique sous des couleurs assez brillantes :

---

(1) « On peut affirmer que, durant trente ans, Castelar gouver-
na l'Espagne. Il savait imposer à tous sa volonté. Il sut empêcher
l'anarchie cantonaliste et, dans les derniers jours de 1873, éviter
l'intervention étrangère et conserver l'intégralité du territoire.
Vaincu ensuite, ce fut lui qui, durant la Restauration d'abord, et
durant la régence un peu plus tard, dirigea, en réalité, la nation,
faisant surgir les idées, les plans, les programmes, les imposant
à Canovas del Castillo tout comme à Sagasta. Si la Restauration
s'effectua de façon peu violente, c'est à Castelar qu'en revient la
gloire. Par sa politique, il sut amener les plus grands ennemis de
la liberté à continuer et non à interrompre l'évolution historique
de l'Espagne. Suffrage universel, jury, mariage civil, tolérance
religieuse, loi sur les associations, liberté de la presse et de la
tribune, tout cela Castelar sut l'imposer par son ascendant souverain..... » El Heraldo de Madrid, 6 octobre 1905. *La Obra de
Castelar*, à l'occasion de l'inauguration, à Cadix, de la statue du
grand homme d'Etat espagnol.

« L'ordre public affermi, les libertés assurées, le
budget presque en équilibre, la Couronne sereine
dans la sphère élevée où elle garde le pouvoir constitutionnel, un clergé aux traditions intolérantes
réconcilié avec le droit moderne, et notre mère
l'Église unie à cette démocratie progressiste qui
l'avait si longtemps combattue, le spectre de la
Révolution s'évanouissant par l'abdication du parti
radical, chaque jour nous éloignant davantage de
l'antique pronunciamento militaire, et fortifiant les
républicains dans l'idée qu'il faut vivre en paix avec
la régence et gouverner même, sous sa tutelle et en
son nom... »

Mais, peu après, certains symptômes permirent
de supposer que la belle unité de l'un au moins
des deux partidos de turno était compromise; dans
le parti conservateur, en effet, en face de M. Canovas del Castillo, M. Silvela s'était dressé, et, désigné
par M. Canovas comme son héritier au poste de chef
des conservateurs, semblait très impatient de recueil-
lir une succession lente à se présenter. Déjà le débat
s'aigrissait, le conflit semblait prendre une tournure
aiguë, lorsque, le 8 août 1897, M. Canovas del Castillo était assassiné aux eaux de Santa-Agueda par
un anarchiste italien, Michel Angiolillo[1]. M. Silvela,

(1) Sans doute, l'œuvre réalisée par M. Canovas est importante.
Grâce à sa clairvoyance et à son énergie d'homme d'État, il a pu
triompher de la fatalité qui semblait peser sur toutes les restaurations, et il a su grouper derrière le trône récemment relevé toutes

orateur admirable, remarquable écrivain et esprit
très cultivé, était le plus qualifié pour remplacer
M. Canovas à la tête du parti conservateur ; à part
les derniers ministres du Cabinet, présidé par M. Canovas, tous ceux qui lui avaient auparavant mar-
chandé leur adhésion l'assurèrent de leurs sympathies, et on put croire que la politique des partidos
de turno, un moment compromise par la scission
Canovas-Silvela, était raffermie pour l'avenir.

§ 2°. — *Les partis depuis 1899 jusqu'à nos jours*

Il semble que la brusque arrivée de la guerre cubaine et ses désastreuses conséquences ait été, pour
le monde parlementaire espagnol, comme l'origine
d'une mentalité nouvelle.

En 1899, date à laquelle fut signé le traité de Paris,
quatre années séparaient de la majorité du roi, et,
durant ces quatre ans, l'union des partis paraissait
s'imposer comme le moyen unique et nécessaire de
relever l'Espagne alors humiliée et amoindrie. Il n'en

---

les forces monarchiques du pays. Mais on peut lui reprocher d'avoir
accordé dans les derniers temps une trop large place aux éléments
les plus remuants et les moins sains de son parti, surtout à
M. Romero Robledo, ce qui lui valut la défection de M. Silvela.
Enfin, comme chef de la minorité aux Cortès de 1893, il eut tort
de ne pas arrêter l'opposition et l'obstruction qui ont empêché
d'aboutir tout un plan de réformes projeté pour les Antilles par
M. Maura et, par suite, il a contribué à faire naître dans la population cubaine l'irritation et la désillusion d'où devait sortir **une**
guerre coloniale si funeste pour l'Espagne.

fut rien pourtant, et l'année 1899 vit à la fois le début
de la désorganisation des deux groupements monarchistes, conservateurs et libéraux, et une tentative
hardie de constitution d'un grand parti républicain.
M. Silvela, qui semblait tout désigné pour prendre
la succession de M. Canovas, n'eut pas toute l'autorité nécessaire pour relier en un solide faisceau les
forces conservatrices, et le duc de Tetuan, puis
M. Romero Robledo montrèrent leur impatience à
s'affranchir de toute direction. D'autre part, le parti
libéral montra qu'il n'avoit plus la même foi dans son
chef Mateo Sagasta, et sa belle unité fut mise en péril
par la défection de M. Gamazo et par l'attitude dou-
teuse de M. Canalejas, le premier trop conservateur,
et le second trop démocrate. Aussi, aux élections
d'avril 1899, on put déjà voter pour des conservateurs ministériels (nuance Silvela), des libéraux (nuance Sagasta), pour des tétuanistes, des gama-
zistes, des roméristes, des carlistes, des républicains
et des indépendants, toutes opinions qui furent représentées aux Cortès.

La volte-face d'Emilio Castelar fut significative.
Désespérant, désormais, de voir la royauté progressiste réaliser les espérances qu'il avait tout d'abord
mises en elle, Castelar fit, en 1899, un retentissant
appel à l'union des groupements républicains. Il
mourut le 25 juin de la même année, mais son geste
ne devait pas rester vain. A quelques années de là, en
effet, bien que demeurant divisé sur certains points

de la doctrine : fédéralisme et unitarisme, le parti
républicain, dans une assemblée plénière tenue à Madrid, le 25 mars 1903, se donnait un chef unique
dans la personne de M. Nicolas Salmeron.

Etant donné tous ces faits, il fut difficile d'escomp-
ter davantage pour l'avenir l'alternance paisible et
régulière au pouvoir des partidos de turno, qui avait
pu donner un moment à l'Espagne l'illusion de pos-
séder un régime parlementaire à l'anglaise, et qui
avait paru quelque temps réussir à réaliser le bien du
pays. L'Espagne allait maintenant assister, avec la
formation des nouveaux groupes, aux menées intéressées de leurs chefs; le bien de la nation allait définitivement passer au second plan, et les hommes
politiques les plus en vue devaient vite s'user au pouvoir avec la rapide succession des ministères tombant
sous les intrigues du palais.

Dans la période qui suit l'avènement du ministère
Silvela, notons le 21 décembre 1899, à la suite de
l'obstruction systématique faite par le parti républicain pour empêcher le vote du budget, le vote obtenu
par le gouvernement qui décide, en s'appuyant sur
l'art. 85 de la Constitution [1], que le budget de 1898
sera applicable à 1900, pratique qui ne sera plus que

---

1) Art. 85.... Si le budget ne pouvait être voté le premier jour
de l'année économique suivante, on appliquera le budget antérieur
à condition qu'il ait été discuté et voté par les Chambres et sanctionné par le roi ». — La loi du 28 novembre 1899 a substitué
l'année ordinaire à l'année économique.

rarement abandonnée pour le grand préjudice des finances espagnoles. L'abandon du ministère des finances par M. Villaverde qui, après avoir liquidé les dépenses de la guerre et tenté d'inaugurer l'ère des économies, refusa de se plier aux exigences militaristes de ses collègues, puis des troubles en Catalogne, provoquèrent la retraite du ministère Silvela et le rappel au pouvoir, le 26 février 1901, du parti libéral qui arrivait avec M. Sagasta décidé à faire triompher tout un plan de réformes; les personnalités les plus en vue du parti libéral entraient dans la composition du ministère. L'opinion publique fut d'abord favorablement impressionnée par le dépôt, le 28 octobre 1901, d'un projet de loi rendant obligatoire l'instruction primaire pour les enfants des deux sexes de 6 à 12 ans [1]. Mais le programme de M. Sagasta était, avant tout, anticlérical et devait aboutir, suivant les affirmations du chef du parti libéral, à une diminution du nombre des congrégations et à une réforme du Concordat. En effet, le nombre des ordres religieux qui, groupés d'abord dans quelques villes avaient peu à peu envahi l'Espagne tout entière, leurs richesses mobilières et immobilières, l'influence qu'ils exerçaient sur la jeunesse par leurs écoles et par leurs cours, la participation prise par certains aux guerres carlistes, la responsabilité qu'on attribuait à d'autres

---

(1) Le recensement de 1900 a révélé que la moitié de la population espagnole ne sait ni lire ni écrire.

de la perte des colonies, le reproche enfin qu'on adressait aux religieux de faire tout pour soustraire leurs biens aux lois financières et d'y réussir, étaient autant de motifs qui avaient contribué à faire entrer la question cléricale dans une phase aiguë; mais plus que tout encore, l'instinct de rancune et de révolte de l'Espagne nouvelle s'élevait contre les représentants du passé accusés par elle de vouloir perpétuer les traditions de l'ancienne Espagne.

Déjà, le 20 novembre 1900, M. Azcárate, député républicain, avait abordé la question des ordres religieux au point de vue de leur situation légale. On s'aperçut que le Concordat de 1832, qui aurait dû régler le sort des ordres religieux, ne s'appliquait en réalité qu'à trois d'entre eux. Tous les autres tombaient par conséquent sous le coup des dispositions de la loi sur les Associations du 30 juin 1887, et leur existence ne devait être admise que moyennant autorisation. La question des ordres à l'arrivée du ministère Sagasta passionnait l'opinion[1], pourtant d'ordinaire indifférente, qui attendait du chef des libéraux la réalisation de ses promesses. Le 19 septembre 1901, sur l'initiative de M. Alfonso Gonzalez, ministre de l'intérieur du cabinet Sagasta, un décret royal prescrivit à toutes les congrégations résidant en Espagne

(1) Le drame de Perez Galdos intitulé Electra, où intervenaient les ordres religieux, et le mariage de la princesse des Asturies, sœur du roi et héritière présomptive de la Couronne, avec son cousin, le fils du comte de Caserte, carliste avéré, avaient achevé d'exaspérer la question.

de remplir dans un délai de six mois, c'est-à-dire
avant le 19 mars 1902, les formalités prévues dans la
loi du 30 juillet 1887 et notamment l'inscription dans
les préfectures. Ce décret eût la pleine approbation
du parti libéral, mais il se heurta à la résistance pas-
sive des congrégations et à l'hostilité manifeste du
parti clérical qui fit immédiatement jouer toutes les
influences dont il pouvait disposer. Il devint bientôt
évident que le président du Conseil, après être d'abord
franchement parti en guerre contre les associations,
reculait peu à peu. M. Gonzalez, constatant que son
décret était resté lettre morte, quitta le ministère de
l'intérieur. Les négociations avec le Saint-Siège prirent une tournure qui faisait de plus en plus prévoir
une humiliation du gouvernement ; il en résulta la
démission de M. Canalejas, ministre de l'agriculture,
qui représentait dans le gouvernement la nuance
libérale démocrate, et qui, dans l'impossibilité de
réaliser l'œuvre qu'il avait entreprise, quitta le ministère en sé déclarant, de concert avec les républicains,
le champion de l'indépendance et de la sécularisation
de l'Etat[1]. La formation d'un groupe radical par

(1) Un compromis avait été conclu le 6 avril 1902, à l'insu,
assure-t-on, de la plupart des ministres, entre, d'une part, le
nonce du Pape à Madrid, et de l'autre, les ministres de l'intérieur
et des affaires étrangères, en vertu duquel le décret du 19 septembre serait compris et appliqué d'une manière tout à fait inat-
tendue ; toutes les congrégations demanderaient l'autorisation,
mais il était convenu qu'aucune ne se la verrait refuser. En même
temps, les négociations continueraient entre le Saint-Siège et
l'Espagne pour la réforme et l'interprétation du Concordat.

M. Canalejas et ses amis d'extrême-gauche, et d'un autre côté la défection de M. Maura et de quelques libéraux qui passèrent aux conservateurs, rendit la position peu sûre pour M. Sagasta qui jugea prudent de démissionner. Contre l'attente générale, le jeune roi [1] n'accepta pas la démission du ministère et chargea M. Sagasta de former un nouveau cabinet. Cette crise était précieuse en enseignements pratiques : en n'ayant, durant son assez long maintien au pouvoir, d'autre politique que l'emploi de toutes les habiletés susceptibles de lui conserver la présidence du conseil, M. Sagasta avait d'abord prouvé que le régime parlementaire et constitutionnel n'était en Espagne qu'une apparence, et que le monde parlementaire n'était qu'une classe isolée de la population, une caste ; la façon dont se dénoua la crise démontra comment les ministères se font et se défont en Espagne en dehors du contrôle des Cortès ; enfin cette crise indiquait que la désagrégation des grands partis historiques s'accentuait de plus en plus en Espagne. Le 3 décembre 1902, le ministère Sagasta se retirait définitivement, et, à quelque temps de là, le 5 janvier 1903, c'était la mort du vieux chef libéral.

La mort de M. Sagasta fut un fait d'une très grande portée, car elle consomma en réalité la fin de l'ancien parti libéral, la dispersion de ses membres

(1) D. Alphonse XIII avait été proclamé roi le 17 mai 1902.

en deux ou trois groupes impossibles à réunir désormais : étant donné, d'autre part, les troubles qui agi-
taient le parti conservateur et qui résultaient surtout
de l'intrusion d'éléments nouveaux : M. Romero
Robledo d'abord, puis M. Maura, il fallut abandonner tout espoir d'assister au rétablissement de l'équilibre facile des deux partis dynastiques qui s'ap-
pelaient : l'un conservateur libéral, l'autre libéral
conservateur.

Appelé à la présidence du Conseil, le 8 janvier 1903,
M. Silvela avait réussi à faire entrer dans son ministère les deux hommes les plus en vue avec lui du
parti conservateur : M. Villaverde et M. Maura ; le
premier aux finances, le deuxième à l'intérieur. Mais
trois mois ne s'étaient pas encore écoulés que M. Villaverde donnait sa démission à la suite d'un grave
désaccord qui s'était élevé entre lui et ses collègues
de la guerre et de la marine dont les exigences financières l'empêchaient de pratiquer la politique d'économies budgétaires qu'il s'était proposée. Fait important à noter au point de vue purement politique, il
fut établi que c'était l'intervention personnelle du roi
en faveur des ministres militaires qui avait déterminé
M. Villaverde à sortir du Cabinet. Il y avait là de la
part de D. Alphonse XIII, à propos d'une question
budgétaire et militaire, une première manifestation
de pouvoir personnel qui pouvait en faire attendre
d'autres dans l'avenir.

Malgré l'opposition ouverte que lui fit M. Villa-

verde, M. Silvela occupait depuis huit mois la présidence du Conseil, lorsque soudain, sans que rien
n'eût fait prévoir cette démission, il démissionnait le
19 septembre avec tous ses collègues, et renonçant à
son rôle de chef du parti conservateur, déclarait solennellement qu'il se retirait de la vie politique.
Doit-on croire, pour expliquer cette démission, à ses
déclarations de philosophe désabusé, qui aurait
perdu « la foi et l'espérance ? » Il semble qu'on doive
accorder plus de créance aux explications non officielles, suivant lesquelles la retraite de M. Silvela
aurait eu tous les caractères d'une disgrâce personnelle se rattachant à des intrigues de cour qui auraient rendu M. Silvela tout à coup *impossible.*

Nous ne ferons pas des évènements qui se déroulèrent ces trois dernières années sous les divers ministères, une analyse qui deviendrait ennuyeuse, et
nous nous contenterons d'exposer, en même temps
que les principaux, les quelques conclusions qu'ils
semblent appeler.

Maintenant comme avant, plus qu'avant peut-être,
c'est, nous l'avons montré ailleurs, l'instabilité ministérielle, huit ministères se succédant en trois ans.

La politique d'intrigues règne toujours en souveraine maîtresse au Parlement espagnol, comme l'ont
prouvé les divers ministères Villaverde et Maura,
qui ont montré les deux chefs des deux principaux
groupes conservateurs, en dépit de leurs protestations d'amitié, se tendant mutuellement des embû-

ches et des chausses-trappes qui leur rendaient tour
à tour la situation intenable, jusqu'au moment où la
séance du 20 juin 1905 amenait la chute du ministère
Villaverde. La lutte oratoire qui eut lieu à cette séance
entre le président du Conseil et M. Maura, l'ancien
premier ministre, montra que le gouvernement conservateur de M. Villaverde avait eu au moins contre
lui le personnage le plus en vue du parti [1].

La chute du Cabinet Villaverde a marqué dans la
politique espagnole plus qu'un changement de ministère, elle a consommé la scission profonde du
parti conservateur. Jusqu'alors, les fractions de ce
parti avaient presque toujours réussi à se donner la
main au moment opportun grâce à l'ascendant de
M. Silvela ou à l'habileté de M. Maura. Mais M. Silvela mourut à la fin de mai, et bien qu'il se fût retiré
de la politique depuis 1903, avec lui avait disparu le
lien moral des conservateurs. M. Maura, en renver-
sant M. Villaverde, creusa entre eux un fossé qu'il
devait être dorénavant bien difficile de combler. Dans
les derniers jours de juin, après la disparition du ministère Villaverde, la rupture était définitive entre les
deux fractions du parti conservateur dirigées par
MM. Maura et Villaverde, et ce dernier annonça son
intention de continuer la tradition de l'époque de Canovas, quand le parti n'avait pas pris la couleur surtout cléricale que lui imposèrent MM. Silvela et

(1) V. *Les Débats*, 22 juin 1905. *Le Temps*, 30 juin 1905.

Maura. M. Villaverde réussit rapidement à rallier un
certain nombre de conservateurs jusqu'alors consi-
dérés comme inféodés à son rival, et les deux fractions du parti pouvaient compter chacune sur dix-
neuf anciens ministres. Le 1er juillet, les journaux
publièrent une lettre de M. Villaverde, qui exposait
le programme des *conservateurs libéraux*, programme
sans nuance cléricale tendant avant tout au développement économique du pays. La scission des conservateurs venait d'être ainsi précisée, lorsque le 15 juillet, M. Villaverde mourut presque subitement; il
laissait une réputation de financier de premier ordre,
de patriote sage et de réformateur avisé[1]. Les conservateurs du groupe de M. Villaverde réunis le 17 juillet 1905 ont décidé de rester fidèles au programme de
leur chef défunt et de combattre sous ses couleurs[2].

(1) On put critiquer peut-être son rôle politique depuis qu'il
renonça en 1903, au portefeuille des Finances pour prendre la
présidence du Conseil, mais l'on ne saurait critiquer la cons-
tance de ses opinions politiques, son honorabilité et ses qua-
lités sans rivales comme réformateur des abus. La réorganisation qu'il entreprit des dettes et des budgets releva la situation
de l'Espagne depuis son passage au ministère des Finances en
1899 et 1900 et la lança dans la voie des budgets équilibrés avec
des excédents de recette. — *Le Temps*, 7 juillet 1905.

(2) *La Epoca*, 24 juillet 1905. Le manifeste villaverdiste. — Il
est affirmé par les membres de la Commission exécutive villaverdiste : MM. Gasset-Cortezo et Andrade. Les villaverdistes recour-
ront toujours aux faits qui inspiraient la politique de M. Villaverde..... Ces vastes contrées sans écoles ; ces écoles qui ne remplissent pas les conditions qui seules pourraient les rendre utiles;
cette agriculture sans ruisseaux qui viennent augmenter sa richesse, sans chemins qui facilitent la sortie des moissons; ces

Le manque d'union, pour être moins apparent
dans le parti libéral que dans le parti conservateur, y
est pourtant tout aussi réel. Pour dénouer la crise
ministérielle causée par le départ de M. Villaverde,
le roi fit appel le 23 juin à M. Montero Rios, un des
chefs du parti libéral. Le désir de M. Montero-Rios
était de s'entourer d'un ministère de concentration
libérale, et en face des conservateurs ruinés par la
scission Maura-Villaverde, d'unir dans une collaboration gouvernementale les deux autres chefs du parti
libéral, MM. Moret et Canalejas ; mais il ne put y
parvenir. Ce fut d'abord M. Canalejas qui refusa
catégoriquement d'accepter un portefeuille, soit pour
lui, soit pour aucun de ses amis, répondant à toutes
les instances dont il fut pressé qu'il soutiendrait le
ministère mais qu'il n'en ferait pas partie. Quant à
M. Moret, il déclara qu'il était décidé à rester à l'écart
et consentit tout au plus à laisser entrer dans la combinaison un des indépendants de son parti, le comte
de Romanones. Il est vrai que le « Diaro universal »
publia une lettre de M. Moret disant qu'il n'y avait

éléments de défense sans matériel de guerre, cette marine sans
bateaux, ces officiers de l'armée ou ces fonctionnaires de l'administration avec des paies si minimes, ces faims endémiques, cette
mortalité qui nous annihile et nous couvre de honte ; cette dépréciation de la monnaie, ces déficits dans l'ordre économique et
administratif des municipalités, tout cela demande immédiatement
un remède... Les villaverdistes annoncent qu'ils reproduiront, dans
le Parlement, les projets de M. Villaverde et concluent en s'adressant aux Chambres de commerce, aux Syndicats agricoles, etc...,
sollicitant leur adhésion et leur aide.

plus de groupes ni de fractions de groupe : « nous formons aujourd'hui, ajoutait-il, un grand parti libéral avéc le gouvernement qui nous représente tous absolument et également. » Mais « la Epoca », en commentant la lettre de M. Moret, faisait remarquer que l'union des libéraux n'était pas si profonde et si réelle qu'elle paraissait ; on ne pouvait oublier en effet que, dans le parti adverse, M. Maura avait lui aussi proclamé son dévouement à M. Villaverde jusqu'au jour où il devint l'impitoyable artisan de sa chute ; quelle confiance avoir dès lors dans une unité que menaçaient tant de brouilles passées et tant de rivalités prochaines ? L'abstention des deux personnalités du parti libéral que nous avons indiquées, en obligeant le président du conseil à prendre comme collaborateurs des personnalités de second ordre, devait fatalement diminuer l'autorité du ministère Montero Rios et le faire apparaître comme une combinaison secondaire. Après avoir démissionné au bout de trois mois, maintenu à la présidence du conseil par le roi, M. Montero Rios se vit de nouveau refuser leur concours par MM. Moret et Canalejas, qui alléguaient que s'ils entraient dans un cabinet Montero Rios, au cas où ce cabinet serait battu, le parti libéral ayant épuisé en une seule fois toutes ses ressources, serait forcé de céder prématurément la place aux conservateurs; en réalité. il leur déplaisait de jouer un rôle sulbalterne. Le 31 octobre, le cabinet était reconstitué, mais pour disparaître, cette fois définitivement, au bout d'un mois.

Avec M. Moret appelé, le 2 décembre 1903, au pouvoir par le roi, un second ministère libéral a succédé à un premier ministère de cette nuance, tout comme on avait vu antérieurement, avec les conservateurs, le ministère Maura supplanter le ministère Villaverde, et cela à l'improviste sans raison parlementaire. C'est ainsi que M. Montero Rios, la veille même de sa démission, avait obtenu aux Cortès un vote de majorité au sujet de la suspension à Barcelone des garanties constitutionnelles. Les ministères continuent donc, comme auparavant, à se faire et à se défaire sous des influences invisibles où domine forcément celle du palais ; avec les libéraux comme avec les conservateurs, le roi D. Alphonse XIII reste le « Deus ex machina » ; la pratique du régime parlementaire de la part des leaders des divers partis n'est pas meilleure maintenant que par le passé.

§ 3°. — *Situation actuelle des partis et de la royauté*

LE PARTI LIBÉRAL

M. Sagasta, mort le 5 janvier 1903, avait chargé, avant de mourir, M. Montero Rios, alors président du Sénat, de rédiger un nouveau programme du parti libéral, destiné à la prochaine campagne électorale. Mais c'est vainement qu'après la disparition du chef, le parti libéral a tenté à plusieurs reprises de s'unifier sous la direction d'un chef reconnu par tous.

14

En novembre 1903, une grande assemblée fut convo-
quée dans ce but ; 210 voix désignèrent M. Montero
Rios et 194 M. Moret. M. Montero Rios ne sentit pas
sa majorité suffisante et rien n'aboutit ; nous avons
vu comment M. Montero Rios, appelé à former en
1905 le ministère, ne put arriver à s'unir dans une
action commune avec MM. Moret et Canalejas. Il y a
donc actuellement dans le parti libéral trois groupes
difficilement conciliables :

Les « fusionistes », héritiers directs de M. Sagasta,
reconnaissent pour chef M. Montero Rios ; leur programme, assez vague d'ailleurs, parle seulement
« des libertés de l'homme et du citoyen » et affirme
« les droits sacrés » de la religion et de l'indépendance de l'Eglise romaine, conciliable, selon M. Montero Rios, avec l'indépendance de l'Etat.

La fraction dont M. Moret est le chef se rapproche
beaucoup plus que la fraction précédente, soit par sa
politique religieuse, soit par sa politique sociale, des
conservateurs purs.

Enfin, tout à la gauche du parti libéral grandit de
plus en plus la personnalité de M. Canalejas, qui
paraît aspirer à jouer le rôle de chef d'un grand parti
et affirme des tendances beaucoup plus démocrates
que les deux autres chefs du parti libéral. Lorsque
M. Canalejas prit, en mars 1902, sous le ministère
Sagasta, le portefeuille de l'agriculture, il s'efforça
de réaliser, de la place qu'il occupait, tout un plan
de réformes sociales : réglementation juridique du

contrat de travail en général et du contrat d'appren-
tissage, secours ouvriers, réforme agraire, encoura-
gements à l'organisation ouvrière, établissement d'un
Office du travail. Mais l'impossibilité de faire aboutir
aucun de ces projets et la faillite de la politique anti-
cléricale du cabinet Sagasta décidèrent M. Canalejas
à démissionner. Un moment le parti républicain crut
faire en lui une précieuse recrue, mais ses déclarations postérieures le montrent revenu au loyalisme
dynastique envers la monarchie alphonsiste. M. Canalejas a exposé à Alcala de Henares tout un programme de gouvernement, se déclarant réformateur
et radical, il conçoit le gouvernement « agent de
transformations radicales, l'Etat faisant la révolution
par le droit ». Sur le problème clérical, tout en faisant acte d'adhésion à la religion officielle, il regrette
l'accroissement des congrégations *absorbantes* et se
déclare partisan du projet de loi sur les associations
élaboré par M. Sagasta. En ce qui concerne la question sociale, M. Canalejas déclare que l'Etat devra
examiner minutieusement les problèmes ouvriers,
améliorer l'hygiène publique et chercher une solution
aux conflits économiques en créant une législation
modelée sur les législations étrangères.

Ce programme qui représente, selon M. Canalejas,
la somme des solutions immédiatement praticables
satisfait certainement aux désirs d'une grande partie
de la nation. L'incessante propagande de M. Canalejas, son éloquence, sa qualité de directeur du *Heraldo*

et les ressources financières dont il dispose, sont autant de forces dont il sait habilement user et qui expliquent la croissance rapide de son parti. La récente élection de M. Canalejas à la Chambre des députés montre qu'il jouit au Congrès d'une incontestable autorité, aussi n'y aurait-il pas lieu de s'étonner, au cas où une nouvelle crise viendrait une fois de plus affirmer en Espagne l'instabilité des ministères, de voir le roi se décider à faire appel, pour constituer le Cabinet, au chef du nouveau parti démocrate.

LE PARTI CONSERVATEUR

La mort de M. Canovas ayant été suivie de celles de MM. Silvela et Villaverde, et ces temps derniers de celle de M. Romero Robledo, le chef de la fraction *réformiste* ou *romériste* [1], une seule personnalité paraît actuellement s'imposer dans le parti conservateur : celle de M. Maura avec à ses côtés MM. Dato et Pidal, comme lieutenants.

M. Maura, qui fut, dans le temps, libéral, apparaît actuellement comme un des plus réactionnaires parmi

(1) Les roméristes formaient la fraction la plus remuante du parti conservateur. On reprochait à leur chef, M. Romero Robledo, ses évolutions successives et l'insuffisante fixité de ses vues. « Il a été un des grands maîtres, en Espagne, de cette supercherie qu'est le régime parlementaire, qui a toujours consisté à créer des majorités monarchiques sans prendre en considération la volonté des électeurs ». *La Publicidad*, 4 mars 1906.

les conservateurs. Lorsqu'il prit le pouvoir après
M. Villaverde, à la politique toute d'économies de
son prédécesseur, il donna une orientation plus
militariste, tandis que son attitude à l'égard du Vatican donnait pleine satisfaction aux conservateurs
cléricaux et ultramontains. Après l'affaire Nozaleda[1],
le projet de Convenio avec Rome, rédigé par
M. Maura, constituait une véritable abdication du
pouvoir civil. En fait, sauf au point de vue fiscal,
toutes les congrégations ne relevaient plus désormais
que de Rome; la situation privilégiée des trois seuls
ordres concordataires allait être étendue par le
Convenio à plusieurs centaines de congrégations
comptant, en Espagne, plus de 2,600 couvents et
près de 60,000 membres. Aussi, le projet de Convenio rencontra-t-il une opposition presque générale.
Nous avons indiqué comment, au moment de sa
mort, M. Villaverde avait l'intention, reprenant la
tradition de M. Canovas, d'enlever à la fraction du
parti conservateur, dont il était le chef, toute nuance
cléricale. Le fossé que M. Maura a creusé entre
Mauristes et Villaverdistes ne paraît pas encore
près d'être comblé et, malgré la mort de M. Villa-

---

(1) M. Maura mécontenta l'opinion publique en nommant M. Nozaleda à l'archevêché de Valence. On en voulait à M. Nozaleda, qui
appartenait à un ordre religieux établi jusque-là aux Philippines,
de s'être conduit, lorsque les Américains s'emparèrent des Philippines, plutôt en catholique qu'en Espagnol, dans le but de sauvegarder les intérêts des ordres religieux.

verde, le parti conservateur reste divisé en présence
du parti libéral lui-même manifestement désuni.

LE PARTI RÉPUBLICAIN

Le sort malheureux de la République espagnole,
proclamée après l'abdication du roi Amédée, avait
laissé le parti républicain désorganisé et pour longtemps discrédité. Les évènements récents le condam-
naient à l'effacement sous le roi Alphonse XII, et
sous la minorité d'Alphonse XIII, il s'était volontai-
rement effacé, ne voulant rien entreprendre contre le
trône d'un roi enfant. Emilio Castelar, le chef du
parti républicain, avait lui-même conseillé à ses amis
de se rallier à la royauté. Mais les excès du parlementarisme espagnol furent vraiment trop forts, et
à l'appel lancé par Castelar désabusé, à la veille de
sa mort, les républicains rallièrent leurs forces de
nouveau, au moment même où la majorité du roi
faisait disparaitre les dernières raisons qu'ils pouvaient avoir de rester dans l'ombre.

Le jour même de la mort de M. Sagasta, le 5 janvier 1903, un meeting républicain avait lieu à Castellon de la Plana (province de Valence) où plusieurs
républicains valençois et catalans, MM. Blasco-Ibanez
et Soriano, députés de Valence, MM. Junoy, Coro-
minas, Lerroux représentant les groupes catalans,
démontraient la nécessité d'unir toutes les forces
républicaines de l'Espagne et reconnaissaient pour

chef M. Nicolas Salmeron. Dès cette réunion prépara-
toire, M. Salmeron exposait le programme de l'Union
républicaine. Radical sur la question religieuse et
révolutionnaire contre la monarchie, il était fort
modéré sur la question sociale, déclarant vouloir
ne léser aucun intérêt légalement existant; il faisait
appel en même temps à la foi républicaine des
ouvriers.

M. Salmeron fit, par la suite, un appel direct aux
fédéralistes encore réfractaires à l'Union, qui avaient
pu s'inquiéter de certaines déclarations faites à Castellon sur « l'impossibilité de porter atteinte aux bases
indestructibles de l'unité de l'Etat », déclarations formellement opposées au programme de 1894, rédigé
par Pi y Margall, et auquel le parti fédéraliste avait
adhéré sans réserves. Dans une réunion tenue à
Madrid sur la proposition de M. Salmeron, tous les
républicains, sans distinction de nuance, affirmè-
rent leur volonté d'aboutir à la constitution d'un grand
parti républicain, sous un seul chef, avec une forte
organisation révolutionnaire.

Ainsi reconstitué, le parti républicain a grandi avec
une rapidité surprenante, recueillant, outre les adhé-
sions de tous les républicains sans distinction de
nuances, celles de nombreuses sociétés ouvrières.
Dans l'Assemblée du 25 mars, au théâtre lyrique, à
Madrid, M. Salmeron a été définitivement reconnu
comme chef du parti républicain.

L'avantage du parti républicain sur les autres par-

tis est d'être en ce moment un parti uni, qui sait ce
qu'il veut, et dont le chef est obéi ; peu nombreux
aux Cortès actuellement, précisément peut-être à
cause de la pratique des élections, les républicains
sont les principaux intéressés à la réforme électorale
qu'ils ne cessent d'ailleurs de réclamer aux Cortès ou
dans les fréquents meetings tenus par eux.

Le parti républicain paraît s'efforcer de dériver à
son profit le mouvement socialiste qui se dessine à
notre époque assez vigoureusement en Espagne [1].

En 1848, un parti socialiste recruté à peu près uni-
quement parmi les travailleurs chercha à se créer en
Espagne, mais sans grand succès. Le socialisme
espagnol militant et à visées pratiques ne date, à vrai
dire, que de la révolution de septembre 1868 ; alors
s'établit en Espagne l'*Internationale* qui, en 1873,
comptait 300.000 affiliés. Le gouvernement, effrayé
des progrès de ce mouvement, organisa contre lui
une politique de répression violente qui aboutit, au
moins en apparence, à la disparition de l'*Internationale*. Au cours de la période qui s'étend entre 1878
et 1886, le socialisme se constitua de nouveau à l'état
de parti. En 1899, le parti socialiste s'affirma dans la
liste électorale et recueillit un assez grand nombre de
suffrages. Après avoir organisé plusieurs meetings
de propagande, il se réunit en congrès à Madrid, les

(1) V. Les articles de M. Adolfo Buylla. El socialismo. La Administracion, 1896-1897.

17 et 20 septembre 1899. Depuis lors, il progressa
sans cesse, règlementant son action, se groupant en
syndicats agricoles dans l'Andalousie, industriels et
maritimes à Valence, à la Corogne et ailleurs, s'introduisant dans les municipalités, et, dans certains
centres, parvenant même à s'imposer aux républicains
sans épithètes. Aux élections municipales de 1905,
pour la première fois à Madrid, trois socialistes entrè-
rent au conseil, et parmi eux, leur chef Pablo Iglesias.
Les socialistes pensent que s'ils ont forcé la porte
des conseils municipaux, ils forceront avec le temps
celle du Parlement. Iglesias affirme que l'insuccès des
socialistes aux élections est dû à ce que l'Espagne est
le pays d'Europe où les gouvernements pratiquent le
mieux le système des fraudes électorales. Il reconnaît encore que les travailleurs n'ont pas la pratique
du droit électoral et que l'éducation politique leur
manque ; mais cette éducation politique, le parti socialiste prétend la donner aux ouvriers ; il veut leur
faire comprendre la nécessité d'exercer eux-mêmes
leurs droits politiques et d'étudier les questions qui
les concernent.

Quoiqu'une bonne part des socialistes aient persisté
à refuser les avances fréquentes que leur font les
républicains, le parti républicain a réussi à rallier
à son principe plusieurs groupements socialistes. Ces
groupes, unis en mars 1904, ont pris le nom de
« parti socialiste révolutionnaire », et ont inscrit dans
leur programme les desiderata suivants : 1° la pos-

session du pouvoir politique par la classe ouvrière :
2° la transformation de la propriété individuelle en
propriété collective ; 3° l'organisation de la société en
fédération économique ; 4° la République comme
forme de gouvernement [1].

Bien des raisons expliquent le retard relatif de la
propagande socialiste en Espagne : l'instruction rudi-
mentaire (il y a encore aujourd'hui plus de 10 millions
d'illettrés), le développement incomplet de l'industrie
et la proportion relativement faible de l'élément
ouvrier, la prédominance du clergé sur les populations rurales et l'influence du caciquisme dans le
pays ; mais étant donné de nos jours le pouvoir de
diffusion des idées, les théories socialistes pénètrent
peu à peu dans tous les milieux et font vite leur che-
min dans les masses.

LE PARTI CARLISTE

La guerre carliste, qui avait pris comme prétexte
une question de légitimité, avait été en réalité la lutte
de l'absolutisme contre le libéralisme, de l'esprit
d'intolérance contre les idées nouvelles de civilisation et de progrès. Les bandes carlistes, dont la
défaite a été complète en 1876, ont maintenant politi-
quement désarmé, et dans le parti carliste qui recrute

(1) Manifiesto del Partido Socialisto Revolucionario. — Madrid,
Marzo de 1904.

actuellement en Viscaye ses principaux représentants une scission s'est opérée : les uns restent fidèles à la personne de don Carlos, les autres se bornent à défendre leurs idées religieuses et à revendiquer les antiques libertés des provinces basques, les « fueros [1]. » Ces franchises ont été abolies en 1876, au début du règne d'Alphonse XII. Très attachées à leurs fueros, les provinces intéressées protestèrent avec chaleur et obtinrent un délai de 10 ans pour arriver transitoirement à l'application totale des lois du royaume. En 1886, on leur accorda un nouveau délai d'un an ; puis en 1887, une décision royale maintint pour un temps indéfini le régime exceptionnel inauguré en 1876. Les provinces basques ne désespèrent pas de recouvrer complètement quelque jour leurs antiques franchises, et les *fueristes* ou *intègres* ont pour mission à la Chambre de poursuivre ce résultat. Ce sont des catholiques intransigeants, adversaires irréconciliables de toutes les institutions modernes ;

(1) Les fueros constituaient dans certaines provinces et depuis le moyen-âge des exceptions aux lois qui règlent l'organisation politique, militaire, financière, etc , qui, d'une façon générale sont applicables à tout le royaume. Ainsi les pays basques, au lieu d'avoir autant d'assemblées provinciales que de provinces n'en comptaient qu'une seule, renouvelable tous les trois ans. Ils étaient en outre exemptés de l'impôt personnel, du service militaire, tel que l'établissait la loi sur le recrutement, du monopole des tabacs, de l'emploi du papier timbré, etc., les droits de douane étaient remplacés par une redevance équivalente, etc. En 1839, les Cortès avaient confirmé les fueros basques. La Navarre jouissait de fueros analogues, mais moins étendus. — Sentupéry. *L'Europe politique*, Espagne.

« ils réclament ouvertement le rétablissement de l'inquisition et vont si loin dans cette voie qu'ils ont fini
par excommunier don Carlos lui-même sous prétexte
de libéralisme ». « L'Integrista ». dirigé par M. Nore-
dal, est l'organe de ce groupe « plus royaliste que le
roi et plus religieux que l'épiscopat ' ».

Le parti carliste a cessé de représenter un danger
pour le régime actuel. Outre que pour lutter contre
celui-ci avec chances de succès, il ne dispose pas d'assez
d'argent, les partisans de don Carlos, peu pressé,
semble-t-il, d'entrer en scène, deviennent de jour en
jour moins nombreux ; les provinces montagneuses du
nord, où se recrutaient principalement les carlistes, se
sont peu à peu ouvertes aux influences modernes à
mesure que l'industrie s'y développait davantage ;
aussi la survivance de quelques clubs carlistes ne
saurait-elle faire illusion sur la vitalité du parti.

SITUATION ACTUELLE DE LA ROYAUTE. ALPHONSE XIII.

L'étude que nous avons faite des partis nous conduit à cette conclusion que la symétrie des partis
parlementaires, qui a pu exister un moment en Espagne, a disparu à l'heure qu'il est, et que dans la vie
parlementaire des Chambres espagnoles, les dissi-
dences vont s'accentuant de plus en plus, le régime
des groupes, *grupos* y *grupitos*, se substituant peu à
peu à celui des grands partis.

(1) V. Sentupéry. — *L'Europe politique.*

En face des groupes formés autour de personnalités diverses et des républicains trop faibles encore pour pouvoir espérer renouveler de sitôt leur essai d'instauration de la République, se dresse la personne du roi. En Espagne, où tous les partis sont intransigeants, et où l'opinion publique le plus souvent indifférente n'a pas la force de leur faire la loi, le roi est actuellement le seul modérateur et arbitre dont la volonté puisse s'imposer aux partis. C'est lui qui empêche les partis de se perpétuer au pouvoir ; à lui il appartient d'appeler un Cabinet libéral à la place d'un Cabinet conservateur, de modérer les prétentions des vainqueurs et de laisser des espérances aux vaincus. C'est là un rôle qui n'est pas sans danger, mais qui ne peut manquer de donner au roi un grand prestige ; aussi, à tort ou à raison, amis et ennemis, tous en Espagne, dans chacun des actes politiques, cherchent son influence secrète, et c'est un symptôme significatif.

Conformément aux principes posés par la Constitution, à la mort d'Alphonse XII, sa femme Doña Maria Christina exerça la régence jusqu'au 17 mai 1902, jour où Alphonse XIII, fils posthume d'Alphonse XII, ayant atteint sa seizième année, fut déclaré majeur et roi. Il semble que la royauté espagnole est désireuse, de nos jours, de s'orienter dans une voie nouvelle, et que le roi actuel se rend compte, bien mieux que ses prédécesseurs, de la nécessité pour lui de prendre contact avec son peuple.

M. Maura, puis M. Villaverde, ont bien compris
qu'il était nécessaire de donner à la Couronne une
popularité qui lui faisait défaut, et, sous leurs ministères, les divers voyages de D. Alphonse XIII ont
voulu combler cette lacune. A Valence, où il se rendit le 10 avril 1905, le roi reçut un accueil chaleu-
reux, tout comme à Castellon, Villareal, Alicante et
Albacete. Le roi visita, à la fin d'avril, les provinces
de Cacérés, Badajoz, Merida et Ciudad Réal ; puis ce
furent les voyages en France, en Angleterre et en
Allemagne, où le roi se montra politique adroit et
sut, par sa bonne grâce, provoquer la sympathie des
foules. Le roi veut s'attacher à son peuple en compa-
triote autant qu'en souverain ; il le montre en toute
occasion, et dans la catastrophe du Réservoir de
Madrid, son émotion, profonde et sincère, mérite
d'être notée.

Mais pour un roi d'Espagne, il ne suffit pas d'être
animé de sentiments généreux et de savoir à l'occasion descendre de son trône. Etant donné les vices
du régime parlementaire espagnol qui frappent d'impuissance l'action législative des Chambres, alors
qu'il y aurait en si grand nombre des réformes à
réaliser, c'est au roi qu'il appartient de prendre les
devants, usant vigoureusement du droit d'initiative
que lui donne la Constitution, pour s'efforcer d'infuser dans la vie politique de l'Espagne un esprit nouveau, et faire du Cabinet, actuellement maître des
Chambres, grâce à la pratique des élections, ce qu'il

aurait toujours dû être, c'est-à-dire un simple trait d'union entre les pouvoirs exécutif et législatif.

D. Alphonse XIII paraît, plus que ses prédécesseurs, disposé à user des pouvoirs que la Constitution espagnole met entre ses mains. En matière de réformes sociales en effet, la personnalité du roi est déjà venue s'interposer, et il semble qu'Alphonse XIII veuille influer personnellement sur la marche de ces réformes. Recevant, le 23 novembre 1904, la Commission de l'Athénée qui lui remettait un diplôme de membre, le roi a dit : « Le sort des ouvriers me préoccupe grandement. Je veux leur faire et je leur ferai tout le bien possible. Il est triste que celui qui cherche du travail n'en trouve pas. Les questions concernant les subsistances et l'alimentation ont pour moi la plus haute importance, et j'emploierai tous mes efforts pour les résoudre ». Peut-être, comme chef d'Etat, D. Alphonse XIII a-t-il accentué sans mesure une politique personnelle touchant surtout la convocation des Cortès, trop souvent suspendues, et la rapide succession des hommes politiques au pouvoir. Ce fut incontestablement une faute, mais que la désagrégation des partis pouvait à la rigueur expliquer, ce qui n'empêcha pas le parti républicain de gratifier de l'expression de « cinématographe enfantin » la politique royale. Le roi semble bien d'ailleurs avoir compris sa faute, comme le prouvent ces paroles adressées par lui. en présence de tous les membres du Cabinet, à M. Salvador, ministre des finances du Cabinet actuel, pour l'engager à retirer la démission qu'il venait de donner : « Depuis que je suis au trône, je n'ai jamais demandé à un ministre de rester en fonctions pour des considérations politiques ; mais actuellement, dans l'intérêt supérieur de la nation, je vous demande de rester ».

L'Espagne actuelle paraît, d'une façon générale, avoir confiance dans son roi : « Le roi, disait M. Dato lors de son récent voyage à Paris, représente, à cette heure, une grande force, la plus grande force politique et sociale de l'Espagne ». L'avènement de D. Alphonse XIII est de date encore trop récente pour qu'on puisse porter un jugement sur son œuvre, mais, précisément parce qu'il peut beaucoup, on a le droit d'exiger beaucoup de lui. L'avenir nous dira si D. Alphonse XIII aura su être l'agent de la régénération de l'Espagne, justifiant ainsi cette prédiction de ses admirateurs : « Qu'importe que tout le reste demeure vicié et malade. L'action du roi rompra les moules de la corruption ; sous son action bienfaisante, l'atelier et l'école formeront des générations nouvelles d'où sortira l'œuvre réparatrice. C'est un fait acquis que l'Espagne peut aujourd'hui présenter aux autres nations une réalité et une brillante réalité : son roi, D. Alphonse XIII [1] ».

(1) *La Ilustracion española y americana*. El rey.
Cet éloge pompeux suffit à faire comprendre combien, aux yeux de beaucoup d'Espagnols, tout disparait devant le roi, et combien

Le mariage du roi constitue, en ce moment, un événement important. Souvent les femmes ont su exercer sur les destinées du pays une action bienfaisante. La princesse Ena de Battenberg trouvera dans l'une d'entre elles un modèle pour toutes. Souhaitons, avec l'Espagne entière, que la future souveraine imite Marie-Christine comme épouse, comme mère et comme reine.

Section VI

Remèdes aux maux du parlementarisme espagnol

M. Azcarate, après avoir tracé un tableau véritablement effrayant des maux qu'entraîne en Espagne le gouvernement parlementaire, s'écrie[1] : « Ces maux ont-ils un remède ? Certainement. » Ce remède consiste, selon lui, essentiellement, dans l'épuration du personnel parlementaire ; il faudrait aux parlementaires une moralité telle qu'ils fussent capables de sacrifier leur propre intérêt à celui de la nation, et qu'ils fissent preuve d'une franchise qui est incompatible avec ce dualisme courant qui existe actuellement dans la politique entre ce que l'on professe et ce que l'on pratique[2].

ils comptent pour peu de chose la machine parlementaire et l'œuvre qu'elle est susceptible de réaliser. Les entretiens que nous ont fait l'honneur de nous accorder plusieurs membres du Parlement espagnol confirment pleinement cette impression.

(1) Azcarate. *El regimen parlementario*, p. 29.
(2) Azcarate. *El régimen parlementario*, p. 30.

Les vices du régime parlementaire espagnol paraissent tous réductibles à un vice fondamental qui ne réside pas dans le régime parlementaire lui-même, mais
dans les corruptions de ce régime, lesquelles sont
également toutes réductibles à une corruption première : l'absence d'élections sérieuses, d'où résulte,
dans des Chambres sans autorité, l'existence d'un
personnel parlementaire défectueux auquel on em-
prunte jusqu'au sommet le personnel gouvernemen-
tal, et par qui est fourni en quelque sorte à forfait,
dans sa clientèle, le personnel judiciaire, administratif, etc. C'est de ce mauvais choix du personnel parlementaire que naissent l'impuissance, l'agitation,
l'instabilité, la servilité et la stérilité parlementaires. Autant dire que la réforme morale et légale de
la pratique actuelle des élections serait le remède
le plus efficace aux maux du parlementarisme
espagnol.

Peut-être aussi, comme le dit M. Posada, dans ses
Estudios sobre el regimen parlamentario en España,
la formation de certaines classes, en quelque sorte
nouvelles, se présentera-t-elle comme un *reconsti-
tuant* de la société anémiée qui gouverne aujourd'hui
l'Espagne. « Sans aucun doute, l'agitation dont les
grandes masses ouvrières sont aujourd'hui l'objet
(agitation qui s'étend maintenant aux populations
agricoles) annonce l'avènement définitif à la politique d'éléments nouveaux. Qui sait, en somme, si
les vices et corruptions parlementaires ne sont pas

dus à certaines classes de la société, de nos jours en complète décadence, gâtées par l'exercice du pouvoir et l'excès de jouissances de toutes sortes. Si le fond est encore bon, ce pourrait être un bien que l'arrivée de nouveaux barbares, porteurs de nouvelles énergies, qui introduiraient une sève plus jeune par laquelle l'organisme de l'Etat de l'avenir se trouverait fortifié. Cela ne veut pas dire que la solution socialiste serait une solution définitive d'où sortirait tout un monde d'harmonies, mais signifie simplement que peut-être dans le corps malade de l'Etat parlementaire espagnol. un grand « révulsif » est nécessaire, dont l'agitation socialiste annonce la plus ou moins prochaine application, et que les effets du remède devront être d'autant plus grands que le discrédit dans lequel sont tombées les institutions politiques sera lui-même plus profond. »

CHAPITRE V

De l'administration de la Justice

La Constitution ne parle pas de la fonction judiciaire comme d'une fonction réalisée par un pouvoir
distinct ; elle parle de l' « administration de la justice »[1], qui est rendue au nom du roi[2]. En Espagne
bien plus que dans n'importe lequel des pays où le
régime parlementaire est en vigueur, on ne saurait
parler autrement qu'en théorie du pouvoir judiciaire
en tant que pouvoir, car il y constitue en réalité une
classe de fonctionnaires soumis au pouvoir exécutif
et au chef de l'Etat.

SECTION I

Organisation judiciaire

L'organisation judiciaire est régie par la loi du
15 septembre 1870, la loi additionnelle du 14 octobre

(1) Constit. de 1876. Titre IX *de la administracion de justicia.*

(2) Constit. de 1876, art. 75, *la justicia se administra en
nombre del Rey.*

1882, la loi sur le jury du 20 avril 1888 [1] et quelques
autres dispositions postérieures de moindre intérêt.
En 1892, des décrets ont réglé de nouveau le nombre
des magistrats de chaque juridiction et le chiffre de
leurs traitements.

Les juridictions établies par ces divers actes législatifs sont les suivantes :

Le tribunal suprême (tribunal supremo), analogue
à notre Cour de Cassation, qui statue au civil et au
criminel; il est composé de trois chambres et comprend : 1 président, 3 présidents de chambre et
22 magistrats.

Des Cours d'appel (audiencias), dont 15 (audiencias territoriales) jugent au civil et au criminel.

En 1882 avaient été créées des audiencias de la
criminal, n'ayant compétence qu'en matière criminelle : en 1892, on a décidé la suppression des
46 Cours de cette catégorie qui n'étaient pas encore
établies dans les chefs-lieux de provinces ; quant aux
34 autres, elles sont depuis cette époque désignées
sous le nom de Cours provinciales (audiencias provinciales), et elles ont compétence pour toutes les
affaires qui ressortaient à celles supprimées dans
la même province. Viennent ensuite les juges de
partido (jueces de partido), au nombre de 495, qui

(1) Le jury (jurado) introduit en Espagne par les lois de 1869
et 1872, fut supprimé provisoirement par décret du 3 janvier 1876,
puis rétabli par la loi du 20 avril 1888.

fonctionnent comme juges uniques en matière civile
et pénale et équivalent à des tribunaux de première
instance. L'appel de leurs décisions est porté devant
les audiencias ; ils sont assistés de secrétaires et
d'alguazils. Le juge municipal (juez municipal), analogue à nos juges de paix, siège dans chaque *termino*;
il est nommé par le président de la Cour d'appel
territoriale sur une liste dressée par le juge de première instance ; il est assisté d'un suppléant ; sa
compétence est civile et pénale ; l'appel va devant le
juge de 1re instance.

Devant toutes ces juridictions fonctionnent des
membres du Parquet (fiscales). Le ministère public
a été définitivement organisé en Espagne par la loi
complémentaire de 1882. Il comprend comme en
France près des Cours : un procureur général (fiscal),
un avocat général ou substitut (teniente fiscal) et un
certain nombre de substituts du procureur général
qui portent le titre d'avocats fiscaux (advocates fiscales) ; puis, dans chaque justice municipale, un
procureur municipal, auquel s'applique aussi l'appel-
lation générique de fiscal (L. de 1882, art. 13).

Depuis 1868, les tribunaux de commerce sont sup-
primés et ce sont les tribunaux civils qui connaissent
des affaires commerciales.

Au point de vue administratif, le Conseil d'Etat
(Consejo de Estado) forme la plus haute juridiction ;
les tribunaux du premier degré sont les commissions

provinciales, délégations permanentes des, Conseils provinciaux dont nous avons parlé plus haut.

Il n'y a pas de tribunal spécial pour régler les conflits : c'est le roi qui statue. Au point de vue financier, le *Tribunal de lascuentas del reino* sert de Cour des Comptes.

SECTION II

Fonctionnement de l'administration de la Justice

On est frappé en Espagne; de la répulsion que manifestent les personnes à s'approcher. des tribunaux. Qu'il s'agisse des tribunaux civils ou des tribunaux criminels, la grande majorité, loin de les considérer comme une garantie de leurs droits, les considèrent comme des institutions dangereuses dont il convient de se méfier et dont il faut vivre le plus à l'écart possible [1].

On peut attribuer à ce fait des causes bien diverses : les unes sont personnelles aux juges eux-mêmes (plus ou moins grande compétence de leur part, plus ou moins grande moralité, risques qu'ils présentent de subornation ou encore d'obéissance à des ordres, suggestions ou conseils venus du dehors) ; d'autres

---

(1) V. « El justiciazgo moderno », articles écrits dans *La Administracion*, 1895, par Antonio Aguilar y Garcia, ancien magistrat, sur le fonctionnement de la justice.

proviennent des dommages que les tribunaux les plus
capables, à raison de leur constitution même, font
éprouver aux citoyens. L'administration de la justice
est extrêmement compliquée et coûteuse; elle enri-
chit très largement les hommes de loi et le trésor
public, mais ruine bien souvent les litigants; aussi
dit-on, comme chez nous : « mas vale un mal
arreglo que un buen pleito », mieux vaut un
mauvais arrangement qu'un bon procès. On peut dire
que la répulsion que la majorité éprouve à l'égard de
la *curia* (tout ce qui approche les tribunaux : avocats
notaires, etc.) en général est engendrée presque tout
autant par le prix élevé auquel revient l'emploi régulier et licite de la procédure actuelle que par les abus
curialescos. En faisant la part des exagérations qu'il
y a souvent dans les honoraires et droits des avocats,
notaires, etc., et en supposant un procès réduit à son
coût normal, on trouve que celui-ci égale bien des
fois et dépasse même la valeur de l'objet en litige, et
le procès se termine ordinairement par la ruine de
tous ceux qui y ont participé y compris celui qui a
obtenu gain de cause. M. Aldana, fiscal du tribunal
suprême, disait dans son Mémoire en 1894 : « Excepté
dans très peu de cas, le citoyen espagnol sait qu'il
vaut mieux pour lui abandonner son droit au premier venu qui prétend l'en priver, que intenter un
procès où il perdra tout son argent. » M. Villaverde,
ministre de la justice en 1891, déclarait (dans son
projet de loi sur la réforme de l'organisation des tri-

bunaux, 13 juin 1891), « qu'il se proposait d'établir en
Espagne un système de tribunaux permettant de
donner à l'administration de la justice, rapidité et
économie ». M. Canalejas, étant ministre de la justice,
voulut également organiser les tribunaux et réformer
la procédure civile de façon à mettre la justice plus à
la portée des litigants et à la rendre plus économique
et plus accessible à toutes les classes de la société.
MM. Montéro Rios, Capdepon, Romero Robledo,
Alonzo Martinez, Maura, etc... ont de même élaboré
durant leur passage au ministère de la justice, des
projets de réforme pour rendre la justice plus rapide
et moins coûteuse.

Une autre cause enfin de la défaveur dont souffre,
en Espagne, l'ordre judiciaire, c'est la dépendance
presque absolue dans laquelle se trouvent les magistrats et les juges vis-à-vis du pouvoir exécutif.
Les mesures partielles qui ont été prises pour empêcher la corruption de s'introduire dans la magis-
trature et qui sont l'inamovibilité et l'opposition [1]
restent sans résultat, parce que la faculté qu'a le
ministre de la justice de changer les juges et de leur
donner ou de leur refuser de l'avancement fait qu'ils
sont toujours à la dévotion du gouvernement.

L'action exagérée du pouvoir exécutif sur le pou-

(1) Art. 80 et 81 de la Constit.... — Art. 80. » Los magistrados
y los jueces seran inamovibles... « Art. 81. » Los jueces son responsables personalmente de toda infraccion de ley que cometan. »

voir judiciaire s'explique, en Espagne, par la nécessité où se croit tout Cabinet espagnol de se procurer
et de conserver des majorités fictives. Pour obtenir
ce résultat, le Cabinet dispense aussi bien que les
faveurs de l'Administration les faveurs de la justice,
à tel point qu'on peut prétendre que la justice, en
Espagne, a deux balances : une pour les amis et une
autre pour les ennemis. « Qu'importe au gouvernement que les procès ne suivent pas leur cours, que ni
les personnes, ni l'honneur ou les intérêts de tel ou tel
ne soient pas garantis ? Il poursuit seulement deux
fins : avoir d'abord les tribunaux bien en mains de
façon à pouvoir dissimuler sous le masque de la légalité les iniquités les plus monstrueuses, puis satisfaire
les convoitises de ses amis [1] ». M. Francisco Silvela.
lui-même, disait au Congrès : Tout le monde mani-.
feste de grandes craintes et une grande méfiance
à l'égard de l'ordre judiciaire mis avec trop d'exagération au service du pouvoir exécutif [2].

Pour les causes d'ordre différent que nous venons
d'exposer, l'Administration de la justice a en Espagne
une déplorable réputation. C'est un proverbe courant
qu' « il est plus difficile de trouver un juge juste
qu'un homme parfait [3] » ; et le mal a pris de si

(1) A. Aguilar. — El justiciazgo moderno.

(2) « Se ha despertado el Animo de todos, un temor y una des-
confianza grande del orden judicial puesto exageradamente al ser-
vicio del poder ejecutivo... »

(3) « Es mas dificil el encontrar juez justo que varon perfecto ».
Figueroa, op. cit., p. 105.

profondes racines qu'on le considère comme inguérissable désormais et que le pays a perdu toute confiance dans ses tribunaux. Plus encore que dans les classes élevées, ce scepticisme est si général dans la classe populaire que, exagérant alors ce qui se passe en réalité, on en vient à croire qu'il n'est pas de mauvais procès qui se perde, ou de criminel qui n'échappe au châtiment, à condition de disposer de quelque argent ou d'un certain crédit.

Beaucoup espéraient que l'institution du jury qui fit l'objet de la loi du 20 avril 1888 apporterait dans l'administration de la justice une amélioration considérable. Le jury a certainement supprimé une bonne part de l'arbitraire antérieur, mais son fonctionnement n'irait pas sans des inconvénients sérieux si l'on en croit le mémoire présenté le 2 juillet 1905 au ministre de la justice par M. Ruiz Valarino, fiscal du tribunal suprême et cependant lui-même partisan avéré du jury[1].

Néanmoins, de ce qu'il y a beaucoup à faire pour améliorer l'administration actuelle de la justice en Espagne, il ne faut pas conclure que le mal est sans remède. Peut-être le développement de l'instruction et une plus longue pratique permettront-ils dans l'avenir le fonctionnement normal de cette

(1) Memoria del fiscal del supremo elevada al Gobierno, renfermant dans ses 177 pages de texte des renseignements très intéressants sur le fonctionnement de la justice en général et du jury en particulier.

institution déjà presque complètement acclimatée ailleurs qu'est le jury, et qui constitue en Espagne une garantie particulièrement nécessaire ; il est permis aussi d'espérer que, en même temps que le vote d'un des nombreux projets de loi sur la réforme judiciaire rendra la justice espagnole moins coûteuse et plus rapide ; d'une conception plus saine du gouvernement parlementaire, une justice nouvelle sortira, oublieuse des anciens errements et désireuse avant tout de juger suivant le droit et l'équité.

CHAPITRE VI

Les questions financière, sociale, catalane, cléricale en Espagne.

Bien des choses resteraient à dire encore sur l'Espagne, et plusieurs questions qui touchent de très près à sa prospérité générale sembleraient appeler de longs développements, plus particulièrement les questions financière, sociale, catalane et cléricale. Depuis longtemps, l'état de ses finances préoccupe l'Espagne à juste titre ; les antagonismes sociaux vont d'autre part s'accentuant, et la fréquence des attentats anarchistes ne laisse pas de devenir inquiétante ; les tendances régionalistes, voire même séparatistes, prennent un caractère de gravité plus accentué particulièrement en Catalogne ; enfin l'opposition entre l'esprit ecclésiastique, qui a longtemps dominé l'Espagne et l'esprit laïque, a pris, ces dernières années, une intensité qu'elle avait rarement eu auparavant.

Il eut été intéressant de faire de ces importantes questions l'examen approfondi qu'elles méritent ; mais, étant donné les prétentions et les proportions modestes de notre travail, nous laissons ce soin à d'autres et nous nous contenterons de poser et d'effleurer ces divers problèmes.

QUESTION FINANCIÈRE

La situation financière de l'Espagne peut se définir en ces termes : l'argent abonde et l'or manque. L'Etat ayant fait à la banque d'Espagne des emprunts continuels, la circulation fiduciaire s'est multipliée d'une façon constante ; aussi l'émission du papier monnaie n'eut plus pour but, à un mandat donné, la substitution pour la commodité du public du certificat aux espèces métalliques ; les billets mis en circulation ne représentèrent plus une encaisse reposant dans les caves de la Banque et contre laquelle on pût à tout moment les échanger, leur création était un simple expédient pour parer au déficit. Au 1er mars 1902, la circulation fiduciaire se montait à une valeur nominale de 1.634 millions de pesetas, garantie par 350 millions en or et 440 millions en argent, soit une somme totale de 790 millions en espèces, inférieure même à la moitié de la valeur nominale des billets en circulation. Pendant que le chiffre de la circulation s'accroissait depuis 1881 parallèlement au chiffre des emprunts du Trésor à la Banque, la dépréciation du change espagnol subissait une variation parallèle. Au 17 mars 1901, le change espagnol perdait 31 %, le 1er mars 1902 il perdait 37 1/2 et 38 %. Une pareille prime du change représentait à cette époque pour

l'Etat espagnol une perte annuelle d'environ 200 millions de pesetas.

Pour remédier à cette situation, M. Villaverde établit
une politique d'économies et de réformes heureuses
qui devaient aboutir à l'équilibre budgétaire. Comme
ministre ou comme président du conseil, il poursuivit,
chaque fois que les circonstances l'appelèrent au pouvoir, l'œuvre qu'il s'était proposée, avec une patience
et une obstination que, seules, les ambitions qui
intriguent continuellement autour du pouvoir empê-
chèrent d'aboutir. En 1900, ministre sous le Cabinet
Silvela, il défendit de frapper de la monnaie d'argent
en dehors de la quantité strictement nécessaire. Sa
politique fut continuée par M. Urzaiz, qui fit voter
notamment un projet de loi portant que l'acquisition
par le Trésor de barres d'argent et la frappe de monnaies de cinq pesetas de ce métal étaient prohibées. Le
1er décembre 1901, la « gaceta » publia un projet établissant le paiement en or des droits de douane pour
un certain nombre d'articles d'importation. L'application de ce projet, qu'un décret fit entrer immédiatement en vigueur, amena une amélioration immédiate
du change ; malheureusement, l'instabilité ministérielle, en obligeant M. Urzaiz à quitter prématurément
le ministère des finances, vint paralyser ses efforts.
M. Villaverde, revenu au pouvoir et président du
Conseil en 1905, avait réussi, dans un programme
patiemment élaboré, à concilier la réorganisation de
la marine et de l'armée avec les intérêts financiers de

16

l'Espagne, lorsqu'il fut renversé par M. Maura [1].
Pourtant, après le passage au pouvoir de ces deux
financiers à l'autorité desquels tout le monde doit
rendre hommage, leur politique sage fut généralement
continuée, aussi le change est-il descendu actuellement à 10 %, et le projet de loi que M. Moret a fait
voter le 24 février au Sénat, et qui stipule, conformément au programme Villaverde, que tous les droits
de douane seront payés en or, permet-il de croire
que le succès répondra aux efforts du gouvernement
pour mettre en bon état les finances espagnoles si
durement éprouvées.

QUESTION SOCIALE

L'agitation ouvrière est venue lui donner ces dernières années une acuité toute particulière, et cette
agitation a elle-même sa source principale dans la

(1) Outre les différents projets touchant, soit en matière militaire, la formation des contingents de l'armée de terre et de mer
pour 1906, soit en matière de travaux publics, la construction et
la réfection des chemins vicinaux, le programme soulignait encore
certaines innovations telles que la réforme des tarifs douaniers
avec paiement de tous les droits en or ; l'autorisation de négocier
des conventions commerciales sur la base du régime en vigueur
avec la Suisse, jusqu'à l'expiration du traité ; enfin et surtout le
projet du budget de 1906 qui embrassait à la fois la réforme des
impôts fonciers et industriels, les droits sur les alcools et la création d'une caisse d'épargne nationale. Le budget devait s'équili-
brer par une prévision de 1.010.733.344 pesetas aux dépenses et
de 1.031.091.896 pesetas aux recettes.

crise de paupérisme qui sévit si cruellement en Espagne.

Nous n'insisterons pas sur les causes locales et particulières de misères : diminution du mouvement de la marine marchande et crise dans la fabrication métallurgique, qui entraînèrent le chômage forcé de nombreux ouvriers; ravages du phylloxéra en Andalousie qui provoquèrent le chômage des ouvriers agricoles ou un abaissement considérable de leur salaire; mais il faut signaler une cause générale de misère, c'est l'augmentation des impôts, celle surtout des octrois d'où résulte un renchérissement général des vivres qui n'excepte pas les aliments de première nécessité. De là, en Espagne, les attaques fréquentes opérées par le peuple exaspéré contre les bâtiments de l'octroi. De nos jours plus que jamais, le paupérisme et la crise agricole sévissent dans tout le Sud de l'Espagne dont la population souffre de la faim. Ouvriers sans travail et paysans sans récolte multiplient leurs manifestations. Malgré des secours municipaux et privés, la misère croît toujours et la main-d'œuvre cherche vainement à s'employer. L'abaissement momentané des droits sur les blés et les farines, les travaux publics entrepris pour utiliser la main-d'œuvre, notamment le creusement de canaux d'irrigation destinés à fertiliser le pays, et indiquant l'adoption de la « politique hydraulique » préconisée par M. Gasset, n'ont pu empêcher en certains endroits le pillage des boulangeries et l'assaut donné aux hôtels-de-ville par la foule mutinée[1]. La misère provoque des émigrations en masse, et pour le mois de septembre 1905, les statistiques publiées par les journaux constatèrent l'expatriation de 50.000 individus.

Au dénûment dont souffrent les classes ouvrières s'ajoute comme cause de mécontentement le manque presque complet d'écoles accessibles aux enfants pauvres ; aussi la presque totalité des ouvriers vivraient encore dans le manque absolu des connaissances les plus indispensables si les Sociétés ouvrières de résistance n'avaient, çà et là, organisé elles-mêmes l'instruction.

C'était là un terrain trop propice au développement de l'anarchisme, pour que celui-ci n'y ait pas trouvé un de ses champs d'expériences les plus féconds[2]. Ce système violent et expéditif ne pouvait manquer de rencontrer des adeptes dans le peuple espagnol vivant dans la routine et dans la résignation et qui ne quitte son état d'atonie que pour se livrer aux pires excès.

L'anarchisme implanté en Espagne par les doctrines de Bakounine ne s'organisa réellement qu'au

(1) A Xérès, le 29 mars 1906, les travailleurs des campagnes pillèrent les magasins de comestibles et attaquèrent l'hôtel-de-ville.

(2) V. les articles de M. J. Salas Anton, dans la *Justice*, notamment *Anarquismo indigena y anarquismo exotico*, « *Justicia* », 1er mai 1894. — M. Manuel Gil Maestre : *El anarquismo en España y el especial de Barcelona*. Madrid, 1897.

Congrès de Barcelone tenu en 1881. C'est là que prit
naissance la « Federacion de Trabajadores de la Re-
gion española. » « L'anarchisme espagnol, affirmait la
Federacion, est ennemi des violences individuelles ;
il ne comprend que la violence collective si le succès
en dépend. » Aussi la Federacion ne voulut-elle pas
admettre l'élément le plus perturbateur qui, exclu par
elle, composa l'association de la Main Noire [1].

Nous ne tenterons pas une énumération de tous
les attentats anarchistes frappant au théâtre, dans les
rues, à la procession tant d'innocentes victimes ;
qu'il nous suffise de rappeler l'assassinat contre
M. Canovas del Castillo, et la bombe de la Rambla
de las Flores faisant, au mois de septembre dernier,
plus de vingt-cinq victimes. Les anarchistes partisans des moyens légaux, effrayés des progrès de la
propagande par le fait, rejettent dans leurs conféren-
ces *anarchistes et antidynamitiques*, tout l'odieux des
crimes et des attentats sur les terroristes qui, pour
la plupart, disent-ils, sont des étrangers. « Nous pouvons assurer, écrit M. J. Salas Anton, que l'anarchisme vraiment espagnol ne s'est jamais départi des
grands sentiments qui distinguent le peuple de l'Ibé-
rie, toujours noble, toujours généreux ». En dépit

---

(1) Cette association anarchiste et nihiliste se développa principalement dans le milieu rural et surtout en Andalousie. Pendant
plusieurs mois, ce ne furent qu'incendies, assassinats et vols auxquels une répression excessivement énergique put seule mettre
fin.

des efforts peut-être très réels des anarchistes partisans des moyens légaux, pour empêcher leurs doctrines d'être poussées à l'extrême et détournées
même de leurs applications prévues, les ferments de
révolte semés par eux ont rapidement germé, armant
de bombes la main des terroristes et faisant actuellement de l'anarchisme un véritable danger pour les
populations espagnoles [1]. Les récents attentats anarchistes justifient le projet de loi déposé au Sénat par
M. Moret, le 24 février 1906 pour la réforme de la
police à Barcelone ; mais c'est surtout à couper le
mal à la racine que le gouvernement devrait s'appli-
quer, en apportant à la question sociale une prompte
solution.

QUESTION CATALANE

De toutes les provinces, la Catalogne semble la
plus favorisée, véritable centre industriel de l'Espagne, plus riche et plus vivante que les autres régions.
Mais contribuant plus que les autres provinces aux
charges de l'Etat, elle ne reçoit de celui-ci aucun bien-
fait particulier ; bien plus, ses intérêts apparaissent
de plus en plus divergents de ceux du reste du pays :
l'Espagne du vin et des métaux aurait intérêt à
l'abaissement, sinon à la suppression des tarifs

(1) V. La Iglesia y Garcia. Caracteres del anarquismo en la
actualidad. Madrid, 1905.

douaniers ; le libre échange lui assurerait au dedans
la vie à meilleur marché et ouvrirait au dehors toutes les portes à ses propres produits ; au contraire, la
Catalogne a besoin, pour défendre son industrie,
de tarifs douaniers protecteurs. Aussi voudrait-
elle jouir d'une large autonomie, affirmant même
parfois des tendances séparatistes : c'est la question catalane, question avant tout économique.

Le manifeste du 16 mars 1897 a mis assez nettement en relief les aspirations de la majorité des Catalans : « Nous entendons que doivent rester à la
charge du pouvoir central de l'Etat espagnol, les relations internationales. les rapports économiques de
l'Espagne avec les autres pays... Mais nous entendons
aussi que le régime intérieur de la Catalogne appar-
tienne au pouvoir régional... En conséquence, nous
voulons que la langue catalane soit la langue officielle
et que tous ceux qui, en Catalogne, remplissent des
charges publiques, soient Catalans ; nous voulons
des Cortès catalanes..... »

C'est la mauvaise situation économique qui explique la recrudescence actuelle de l'agitation catalaniste,
le grand nombre de meetings, de manifestations de
toute sorte, et l'énergie des démarches officielles faites
auprès du pouvoir central par les délégués catalanistes[1]. Dans les débats sur le catalanisme qui ont eu

(1) V. Pella y Forgas. *La crissis del catalanismo*. Barcelone,
1905.

lieu à maintes reprises au Congrès, les représentants
de la Catalogne ont protesté contre l'accusation de
vouloir porter atteinte à l'unité nationale. Ils veulent
l'autonomie parce qu'ils ont la certitude d'échapper,
grâce à elle, aux impôts écrasants et au funeste régime
fiscal que subit l'Espagne. C'est ce qui ressort du
discours prononcé tout récemment au Congrès par
M. Junoy député catalaniste, lors de la discussion du
projet des juridictions [1] : « Si la question catalane a
pris depuis la Restauration jusqu'à aujourd'hui un
tel caractère de gravité, c'est que sa solution exige ce
qui n'existe pas dans la réalité : un bon gouvernement et une bonne administration. Vous n'êtes pas
en présence du péril séparatiste, mais en présence
d'un peuple qui voyant l'Espagne aller à la catastrophe.
veut se sauver et sauver sa Patrie [2]. Pendant que
vous dormez, la Catalogne étudie et cherche des solutions pour les questions sociales et économiques,

---

(1) Ce projet proposait d'enlever au jury pour la remettre aux
tribunaux militaires la connaissance des délits de presse, lorsque
les journaux dirigeraient des attaques contre l'armée et la patrie.
Après les journaux *Veu de Catalunya*, *Catalanista*, *Tralla*,
qui publièrent des articles violents en faveur du catalanisme et
furent acquittés systématiquement par le jury, la revue satyrique
But-But fut poursuivie à la requête du ministère public pour avoir
caricaturé l'armée espagnole et commis ainsi un délit de lèse-
patrie; le 1er mars 1906, elle obtenait également du jury un verdict
d'acquittement.

(2) « No estamos en peligro de separatismo, sino frente à un
pueblo que, al ver que Espagna camina à su catastrofe quiere sal-
varse y salvar à su patria » *El liberal*, 6 mars 1906.

solutions que vous repoussez toujours, comme le
prouve le rejet de toutes nos propositions de loi. » La
question catalane est celle qui donne au gouvernement actuel le plus de soucis, et l'attitude et les discours violents des députés catalanistes aux dernières
séances du Congrès ne sont pas pour faire présager
une période d'apaisement.

QUESTION CLÉRICALE

Elle est née surtout en Espagne de la situation
qu'y occupent les ordres religieux, et, posée après la
guerre de Cuba, elle s'est exaspérée grâce à deux
évènements dont nous avons parlé ailleurs : l'affaire
Nozaleda et le Convenio avec le Vatican. Alors que
des concessions réciproques auraient pu la contenir
et la limiter, elle ne cesse au contraire de s'envenimer
par l'intransigeance des uns, par la maladresse des
autres et par les manœuvres des républicains qui s'ef-
forcent sur ce terrain de refaire à leur profit l'éducation du peuple. Elle constitue pour la royauté un
terrain dangereux, car ici la monarchie a tout un
passé qui la retient. Dans le discours du trône qu'il
lut en 1903, alors que la question cléricale était déjà
dans une phase aiguë, le roi débuta en se proclamant
« attaché au pape par les liens de l'amour et du respect filiaux. » Si on considère les actes qui soulignè-

rent par la suite cette déclaration¹, c'est là un point noir à l'horizon et une lueur d'espoir pour les républi-cains.

(1) Le ministère Silvela apporta sur la question concordataire une solution qui n'est rien autre chose que l'admission pleine et entière de toutes les communautés religieuses que M. Sagasta avait semblé vouloir soumettre à la loi sur les associations : les ordres créés depuis le Concordat étaient en effet reconnus avec égalité de droits pour tous. C'était tout simplement l'abdication du pouvoir civil devant le pouvoir ecclésiastique.

CONCLUSION

———

L'exposé que nous avons fait des vices profonds du régime parlementaire espagnol et des importants problèmes qui se posent en Espagne, de façon si pressante au sortir d'une guerre qui a dû certainement éprouver le pays, pourrait porter à envisager sous un jour bien inquiétant l'avenir du peuple espagnol. Mais pour l'intelligence comme pour la volonté, l'Espagne a trop de ressources pour qu'on puisse en désespérer, et le fond solide de noblesse et d'énergie qui est dans la race, nous laisse bon espoir pour son avenir.

On constate aujourd'hui qu'un sensible relèvement de l'industrie espagnole a coïncidé avec la perte des colonies. A part Barcelone, réellement éprouvée par la perte des possessions espagnoles et qui a vu, de ce chef, considérablement s'abaisser le chiffre de ses exportations, tout le reste de l'Espagne n'aura pas eu, semble-t-il, à se plaindre, si on met à part la cruelle blessure infligée à l'amour-propre cas-

tillan, des conséquences du traité de Paris [1]. Chaque
année, pour leur défense et leur police, comme
pour leur exploitation, les colonies enlevaient à
l'Espagne une centaine de milliers d'hommes vigou-
reux et entreprenants, émigrants ou soldats. En
même temps que l'élément le plus jeune et le plus
actif de l'Espagne, Cuba principalement et les Philippines absorbaient en placements coloniaux la presque
totalité des capitaux espagnols. En forçant désormais
à se placer dans les entreprises métropolitaines les
capitaux qui émigraient annuellement aux colonies,
et en arrêtant l'énorme sacrifice d'argent et de vies
humaines que nécessitait la répression de révoltes
continuelles, la perte des colonies, en même temps

(1) Le traité de Paris, signé le 10 décembre 1898, qui a rétabli
définitivement la paix entre l'Espagne et les Etats-Unis, a enlevé à
l'Espagne la presque totalité de ce qui lui restait de son domaine
colonial. Aux termes de ce traité, en effet, l'Espagne perdait un
domaine d'une étendue de 298,747 kil. carrés, soit 118,833 kil.
carrés à Cuba, 170,000 aux Philippines et 9,314 à Porto-Rico; elle
perdait environ 8,100,000 sujets, soit 1,400,000 à Cuba, 625,000 à
Porto-Rico et au moins 6,000,000 aux Philippines. Le domaine
colonial de l'Espagne qui comprenait 304,311 kil. carrés n'en a plus
que 5,564 et la population coloniale est descendue de 8,100,000 à
75,000 habitants.
Par le traité du 30 juin 1899, l'Espagne a cédé à l'Allemagne
l'archipel des Carolines, Palaos et Marianas moyennant une indemnité de 25 millions de pesetas.
La perte des colonies espagnoles a entraîné la suppression du
ministère d'Ultramar par le décret royal du 25 avril 1899. Suivant
le décret royal du 12 avril 1901, le régime, le gouvernement et
l'administration des territoires compris entre le cap Bojador et le
cap Blanco, et les possessions du golfe de Guinée, dépendront, à
l'avenir, du ministère d'Etat (de Estado).

qu'elle aura enlevé à l'Espagne une cause d'insécu-
rité, aura eu pour son commerce et son industrie les
plus heureux résultats. C'est seulement à dater du
traité de Paris que l'Espagne a semblé s'apercevoir
de la richesse de son sol en gisements miniers et
que les capitaux asturiens ont prêté à l'exploitation
minière l'aide efficace qui lui vaut son développement
actuel. Les capitalistes asturiens encourageaient en
même temps ailleurs d'autres branches de l'activité
nationale, mettant leurs capitaux dans des Compa-
gnies de navigation, fondant les grandes banques de
Gijon (capital 10 millions) et d'Oviedo (capital 12 millions), engageant leurs fonds dans les sucreries de
Viera, Liérés, Villavicisoa et Pravia, dans les tissa-
ges de Gijon, etc. On estime que 45 % des capitaux
engagés à Cuba et à Porto-Rico appartenaient aux
gens des Asturies, et il a fallu la perte des colonies
pour obliger ceux-ci à réaliser leurs capitaux et à les
tourner vers les entreprises espagnoles. La culture
de la betterave et de la canne à sucre s'est considérablement développée en Espagne depuis la signature
du traité de Paris ; bon nombre de raffineries se sont
fondées réussissant à fournir au pays presque tout
le sucre qui lui est nécessaire. La culture du tabac,
qui trouve en Espagne des terrains très convenables,
est appelée de même à s'étendre dès que l'auront
permis les modifications qu'on ne manquera pas
d'apporter au monopole exclusif de la vente du
tabac qui a été concédé à la Banque d'Espagne.

Mais si la situation industrielle de l'Espagne s'est améliorée, les moyens de transport sont encore insuffisants, et c'est de leur développement, selon les économistes, que dépend l'avenir industriel et commercial de l'Espagne ; que celle-ci réussisse à établir des communications aisées entre ses diverses parties, et elle aura ainsi triomphé de ce que certains ont appelé sa « grande fatalité géographique ».

On reproche à l'Espagnol de s'attacher avec trop d'opiniâtreté à ses coutumes propres et de n'avoir voulu presque rien apprendre du dehors. Mais cette attitude ne durera pas ; on peut de moins en moins vivre en dehors du mouvement intellectuel qui entraîne toutes les nations modernes, et le développement de l'instruction est destiné à amener en Espagne des changements profonds.

Le peuple devra se défaire de l'excessive modestie qui lui a fait supposer, et on l'a aidé à le croire, qu'il n'entend rien aux choses du gouvernement ; il doit avoir plus de confiance en ses propres lumières et se donner la peine de vouloir être bien gouverné. Actuellement un gouvernement, même animé des meilleures intentions, peut bien difficilement en Espagne obtenir des résultats réels. Le Parlement devrait être une réunion de l'élite des citoyens, pour l'étude et la solution des problèmes qui intéressent la société, pour l'exercice du contrôle nécessaire sur les actes du pouvoir exécutif, qu'elle soutiendrait et stimulerait constamment ; or, le gouvernement ne peut trou-

ver dans les Chambres ce soutien essentiel à raison
de la pratique des élections. Le régime actuel, en fait,
a son caractère indécis : ce n'est plus la monarchie
absolue, mais ce n'est pas réellement le régime représentatif, et le gouvernement parlementaire n'y est
qu'une apparence.

L'Espagne semblait avoir voulu inaugurer sa régénération politique par plusieurs réformes, notamment
en établissant le suffrage universel et en instituant le
jury ; pour aller jusqu'au bout, il faut aujourd'hui que
le peuple s'aide de son roi. La monarchie paraît mar
cher en ce moment sur un sol assez ferme ; encore
simpliste et traditionnaliste, la masse, il faut le reconnaître, lui conserve ses sympathies. Il serait exagéré de prétendre que la monarchie espagnole est
incompatible avec le progrès : la régence a prouvé le
contraire, et il dépend de D. Alphonse XIII d'en faire
autant, surtout si pour mener à bien sa tâche, il s'appuie dans l'avenir sur les libéraux de la nuance de
M. Canalejas qui, quoique loyalistes, ont néanmoins
des programmes radicaux et démocratiques ne le cé-
dant en rien à ceux des républicains. Appuyer le roi
et s'appuyer sur lui pour reconquérir la libre disposition de ses libertés, voilà le premier besoin de la
nation ; mais ce résultat une fois atteint, il lui faudra
constamment veiller à le conserver et elle devra garder jalousement les trois conquêtes qui lui sont indispensables : une justice efficace, une administration
régulière et la pureté des élections au Parlement.

Cette dernière réforme sur la nécessité de laquelle nous ne saurions assez insister est essentielle, selon nous. Il faut enfin arriver à ce que les élections se fassent légalement, c'est-à-dire à ce qu'elles soient faites par les électeurs eux-mêmes et non par le gouvernement. Dans l'intervalle des sessions, les électeurs auront à demander compte aux députés de leurs votes et de leurs opinions sur les questions pendantes; ils ne toléreront plus les scandales qui se produisent dans les élections actuelles, ni l'indépendance absolue dont les députés, dans leur conduite politique, font preuve envers leurs électeurs. A tout prix, il faut établir le gouvernement parlementaire dans sa sincérité, c'est-à-dire un gouvernement où les électeurs soient les maîtres des ministres, exactement au rebours de ce qui existe aujourd'hui.

L'exemple du Japon est là pour montrer à l'Espagne combien de changements un demi-siècle est susceptible d'appeler dans un pays. Après des siècles de décadence profonde, l'Italie a eu son « risorgimento »; de même en sera-t-il, croyons-nous, de l'Espagne qui, mettant fin à sa « déviation séculaire », reviendra bientôt dans les grandes voies au bout desquelles l'histoire entière montre la vraie prospérité.

TABLE DES MATIÈRES

Toulouse, impr. Ch. MARQUÉS, boulevard de Strasbourg, 22 et 24.

LaVergne, TN USA
21 March 2011
221014LV00003B/94/P

9 781160 561778